쉽고 재미있는

한국어

어휘 ①

부산외국어대학교 한국어문화교육원

배도용, 권혜경, 박인애 공저

한글파크

최근 한국어 교육에 대한 관심이 그 어느 때보다도 높습니다. 한국어 교육에 대한 이런 관심은 국내로 들어오는 8만 명이 넘는 유학생의 숫자와 무관치 않습니다. 이 숫자에 포함되지 않은 외국인도 많으니 그 숫자를 어림잡아 셈하면 우리가 생각하는 것보다 훨씬 많은 외국인이 국내에서 한국어를 사용하고 있다고 봐야 할 것 같습니다.

「쉽고 재미있는 한국어 어휘 1」은 이런 환경에서 태어났습니다. 이미 한국어 관련 훌륭한 교재가 많이 쏟아져 나왔지만, 정작 한 언어의 보물창고인 어휘 관련 학습 교재는 드물었습니다. 더욱이 교수 학습을 위한 어휘 교재는 더더욱 찾기 어려웠습니다.

「쉽고 재미있는 한국어 어휘 1」은 한국어를 배우는 외국인 학습자뿐만 아니라, 외국인 학습자를 가르치는 교사에게도 효과적이도록 구성했습니다. 또한 한국어에 대한 관심을 더욱 높이되, 배우기가 어렵지 않고 재미와 학습 효과 두 마리를 다 잡을 수 있도록 꾸미려 애썼습니다. 그러나 완성된 원고는 늘 처음의 생각과 일치하지도 벗어나지도 않은 그냥 그런 교재가 되지 않았나 걱정이 앞서는 게 솔직한 심정입니다.

「쉽고 재미있는 한국어 어휘 1」은 학습자의 학습 효율을 높이기 위해 어휘망을 활용했습니다. 곧 학습자가 **'생각을 꺼내고 꺼낸 생각을 단어와 연결시키고, 연관 있는 단어끼리 잇도록 했으며, 또한 단어를 파생과 합성을 통해 늘리도록'** 꾸몄습니다. 그리고 그 각각의 단계에서 유의, 반의, 다의, 동음이의 따위의 어휘 관계로 예문을 꾸몄습니다.

이 책을 위해 많은 분이 도와주셨습니다. 교육과학기술부와 부산외국어대학교의 지원이 없었더라면 이 교재는 세상에 나올 수 없었을 것입니다. 그저 고맙고 고마울 따름입니다. 그리고 부산외국어대학교 한국어문화교육원의 원장님과 선생님들, 랭기지플러스의 엄호열 회장님과 엄태상 이사님, 그리고 한국어 편집팀에게도 고마움을 전합니다.

2009년
책 쓴이들이 함께

　「쉽고 재미있는 한국어 어휘 1」은 외국어로서의 한국어 중급용 어휘 학습 교재로 개발되었습니다. 교재에 수록된 어휘는 유학생들이 한국 생활에서 주로 접하는 것으로, 국립국어연구원(2003)의 『한국어 학습용 어휘 선정 결과 보고서』에서 제시한 2단계(B등급) 어휘 2,111개 가운데 '명사, 동사, 형용사, 관형사, 부사, 의존명사'를 중심으로 선정하였습니다.

　이 책은 유학생들이 보다 효과적으로 어휘를 습득할 수 있도록 크게 단어 만들기(word formation)와 화제(topic) 두 부분으로 꾸며졌습니다. '단어 만들기'에서는 단어 형성법의 원리에 따라 파생어와 합성어가 어떻게 이루어지고 만들어지는지를 살필 수 있을 것입니다. '화제'는 다시 '자연, 사회, 기술, 문화, 철학'의 다섯 개로 구분됩니다.

　각 단원들은 '학습목표, 생각 꺼내기, 단어 보기, 단어 잇기, 단어 늘리기, 연습하기, 활용하기'로 이루어져 있습니다. '단어 보기'는 각 단원별 화제에 따른 상하의어 관계의 어휘장을 이루도록 하였으며, '단어 잇기'에서는 두 개 이상의 단어가 결합하여 의미적으로 하나의 단위를 이루는 연어 관계에 따라 서로 밀접하게 관련되는 단어 쌍을 제시하였습니다. '단어 늘리기'에서는 단어 보기와 단어 잇기에서 제시된 단어들 가운데 파생어와 합성어를 중심으로 이들 어휘가 어떻게 확장되었는지를 살필 수 있도록 했습니다. 그리고 '연습하기'에서는 앞서 학습한 단어들을 어휘장, 다의어, 동음이의어, 반의어, 유의어 따위를 문맥에 따라 학습할 수 있도록 하였습니다. '활용하기'에서는 앞서 학습한 어휘들을 다양한 담화 상황에서 활용할 수 있도록 꾸몄습니다.

　「쉽고 재미있는 한국어 어휘 1」은 모두 25개 단원으로 이루어져 있으며 전체 구성은 아래와 같습니다.

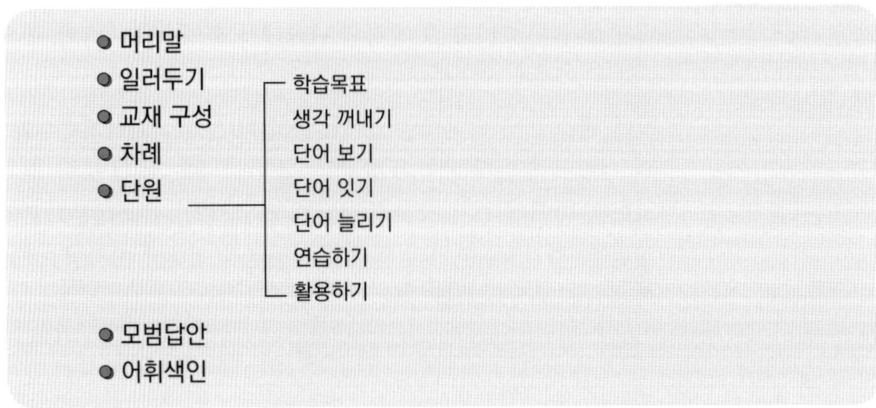

【학습목표】는 해당 단원의 학습을 통하여 달성해야 할 목표를 제시하였습니다. 이를 통하여 교사와 학습자들은 그날 배울 내용을 짐작해 볼 수 있을 것입니다.

【생각 꺼내기】는 학습자들의 흥미와 관심을 이끌어내어 각 단원의 학습목표를 환기시킬 수 있도록 하였습니다.

【단어 보기】는 상하의어 관계의 어휘를 통해 해당 단원의 어휘장을 구축할 수 있도록 배려하였습니다. 또한 이들 어휘는 적절한 문맥을 통해 그 용법도 익힐 수 있도록 하였습니다.

【단어 잇기】는 어휘의 습득 효과를 가장 고려한 부분으로, 두 개 이상의 단어가 결합하여 의미적으로 하나의 단위를 이루는 연어 관계를 활용하여 어휘들을 낱낱이 제시하지 않고 묶음(bundle)으로 제시하였습니다. 이를 통하여 학습자들은 새로 학습한 어휘뿐만 아니라, 기존의 알고 있는 어휘를 활용하여 더욱 확장된 머릿속 어휘 망(network)을 구축할 수 있을 것입니다.

【단어 늘리기】는 하나의 단어가 접사나 또 다른 단어를 만나 새로운 어휘 곧 파생어나 합성어로 확장되는 과정을 보여줍니다. 이를 통하여 학습자들은 어휘가 어떻게 이루어지고 결합하는지를 이해할 수 있을 것이며, 또한 이를 기반으로 이와 유사한 어휘에 대해서도 의미를 가늠할 수 있는 의미 추론 능력도 키울 수 있을 것입니다.

【연습하기】는 해당 단원에서 제시한 어휘를 익히고 연습합니다. 특히 연습문제들은 어휘장을 통해 어휘 체계를 확립할 수 있도록 하였으며, 다의 · 동음이의 · 반의 · 유의 관계 따위를 통해 어휘의 가로 관계와 세로 관계의 어휘 망을 구축할 수 있도록 제시하였습니다.

【활용하기】는 지금까지 학습한 내용과 기존의 내재된 지식을 말하기, 읽기, 쓰기 등의 영역으로 확대하여 활용해 보는 영역입니다. 특별히 실제 생활에서 접하게 되는 담화상황이나 학습자의 흥미와 관심을 끌 수 있는 내용을 다양한 각도에서 구성하였습니다.

부	과	단원명	학습목표	중심어휘	활동
1부 단어 만들기	1	한국어 단어 소개	– 한국어의 문법 단위를 이해한다. – 한국어의 단어 만들기 원리를 이해한다.	형태소, 단어, 어절, 문장, 단일어, 파생어, 합성어, 명사, 동사, 형용사, 부사, 관형사, 조사	
	2	파생어	– 어근과 접사의 의미를 안다. – 주로 사용되는 접사를 익힌다.	접두사: 첫–, 한–, 큰– 접미사: –님, –이, –개	
	3	합성어	– 합성어의 의미를 안다. – 단어를 이용하여 합성어를 만들어 본다.	물, 밥, 바닥, 있다, 없다, 오다, 가다	
2부 자연	4	몸과 움직임	– 신체부위와 관련된 이름을 정확히 이해한다. – 신체의 움직임을 표현하는 단어를 사용할 수 있다.	몸, 얼굴, 입, 눈, 머리, 손, 발, 땀	– 얼굴 작아지는 방법 읽고 따라하기
	5	날씨와 계절	– 계절에 따른 날씨를 표현할 수 있다. – 일기예보를 통하여 날씨를 예측할 수 있다.	계절, 날씨, 자연, 일기	– 일기예보 읽기 – 우리나라 날씨 소개하기
	6	시간과 공간	– 때와 장소를 상황에 맞게 표현할 수 있다. – 지도를 보고 위치를 설명할 수 있다.	년, 월, 일, 시, 건물, 위치	– 그림 지도를 보고 위치 파악하기
	7	방향과 순서	– 때와 장소를 상황에 맞게 표현할 수 있다. – 지도를 보고 위치를 설명할 수 있다.	방향, 위치	– 주사위 놀이

2부 자연	8	동물과 식물	- 동물과 식물에 따른 표현을 익힌다. - 동물과 식물에 관련된 속담을 이해하고 사용할 수 있다.	동물, 식물, 동식물의 단위	- 동물 관련 속담 이해하기 - 속담 문형 활용하여 속담 만들기
	9	빛과 색	- 다양한 색깔 어휘를 익힌다. - 주위의 사물 색깔을 표현할 수 있다.	색깔, 빛	- 성격을 색깔에 비유하기
	10	수와 양	- 수와 양의 많고 적음을 표현할 수 있다. - 계산식을 말로 표현할 수 있다.	숫자, 양, 계산, 크기	- 직소우 퍼즐
3부 사회	11	학교생활	- 학교에서 주로 사용하는 어휘와 표현을 익힌다. - 자신의 동아리 활동을 소개할 수 있다.	관계, 자격, 학교생활, 학생, 학교	- 동아리 소개하기
	12	금융기관과 우편물	- 금융기관에서 필요한 어휘와 표현을 익힌다. - 우편물에 관련된 어휘와 표현을 익힌다. - 무통장 입금표를 작성할 수 있다.	돈, 은행, 우체국, 일	- 무통장 입금표 쓰기
	13	물건사기	- 거래에 필요한 어휘와 표현을 익힌다. - 물건을 교환하거나 환불할 때 필요한 단어를 익힌다.	사다, 팔다	- 광고 읽고 선물하는 이유 쓰기

부	과	단원명	학습목표	중심어휘	활동
4부 기 술	14	가족	- 가족관계에 따른 어휘를 익힌다. - 가족이나 친척을 소개할 수 있다.	가족, 결혼, 가정, 집	- 가족 소개하기
	15	요리	- 요리의 재료와 방법에 관한 어휘와 표현을 익힌다. - 음식을 소개하고, 만드는 방법을 설명할 수 있다.	재료, 양념, 도구, 요리 방법	- 사진 보고 요리법 쓰기 - 좋아하는 음식 만드는 방법 소개하기
	16	옷과 차림새	- 옷과 차림새에 관한 어휘와 표현을 익힌다. - 사진을 보고 옷차림을 표현할 수 있다.	옷, 신발, 액세서리, 차림새	- 옛날과 오늘날의 옷차림 비교하기 - 미래의 옷차림 추측하기
	17	집안일	- 청소와 빨래에 관한 어휘와 표현을 익힌다. - 일주일 동안의 집안일을 계획할 수 있다.	청소, 부엌일, 빨래, 바닥, 물건	- 청소 도구를 사용하여 집안일 하기
	18	병과 치료	- 일반적인 병과 증상을 표현할 수 있다. - 글을 읽고 적절한 치료 방법을 표현할 수 있다.	병, 증상 / 증세, 피, 환자	- 고민 읽고 해결책 제시하기 - 비만도 측정하기
	19	정보와 통신	- 통신수단에 따른 정보전달 방법을 표현할 수 있다. - 정보화 시대의 장단점을 이야기할 수 있다.	과학, 정보 통신 인터넷, 정보	- 정보전달 매체의 장단점 쓰기 - 인터넷 중독증 측정하기

			학습 목표	어휘	활동
4부 기술	20	도로와 교통	- 교통수단에 관한 어휘와 표현을 익힌다. - 교통 규칙을 이해하고 지킬 수 있다.	도로, 교통사고, 교통수단	- 교통사고에 관한 글 읽고 자신의 의견 말하기
	21	도덕과 규칙	- 사회에서 지켜야 할 규칙을 어휘로 표현할 수 있다. - 상황에 맞는 규칙을 제시할 수 있다.	도덕, 법, 의견	- 공공장소에 따라 적절한 규칙 찾기
5부 문화	22	여가활동	- 여러 가지 운동과 오락에 관한 어휘를 익힌다. - 자신의 여가활동 경험을 소개할 수 있다.	운동, 음악, 경기	- 운동, 오락 경험 소개하기
	23	여행	- 여행지에서의 환경과 상황을 표현할 수 있다. - 자신의 여행 경험을 이야기할 수 있다.	여정, 견문, 감상, 짐, 장소	- 기억에 남는 여행 소개하기 - 가고 싶은 여행 계획 세우기
6부 철학	24	인간과 인간관계	- 관계를 맺고 유지하는 데 필요한 어휘와 표현을 안다. - 대표적인 콤플렉스의 기원과 증상을 이해한다.	인간관계, 개인성향	- 나의 콤플렉스 이야기하기
	25	성격과 감정	- 상황에 따른 감정을 표현하는 어휘를 안다. - 자신의 성격과 현재의 기분을 표현할 수 있다.	- 긍정적, 부정적, 기분, 감정	- 소심한 성격을 고치기 위한 10가지 방법 읽고 나에게 적용하기

차례

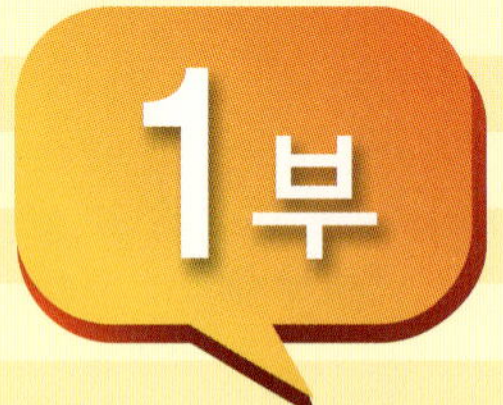

단어 만들기

01 한국어 단어 소개

학습목표 · 한국어의 문법단위를 이해한다.
· 한국어의 단어 만들기 원리를 이해한다.

 **생각 꺼내기**

☺ 단어는 어떻게 만들어집니까?
☺ "기차, –가, 길다" 이 단어들의 차이는 무엇입니까?

문법 단위

기차 -가 길-다. 

기차 -가 길다. 

기차가 ∨ 길다. 

기차가 길다. 

형태소	기차 -가 길- -다
단어	기차 -가 길다
어절	기차가 ∨ 길다
문장	기차가 길다.

밥, 쌀, 우유, 칼

생쌀, 생우유, 칼질

쌀밥, 우유병, 면도칼

단일어	밥 쌀 우유 칼
파생어	생＋쌀　생＋우유　칼＋질
합성어	쌀＋밥　우유＋병　면도＋칼

멋진 자동차가 빨리 달린다.

명사	기차 우유 자동차
동사	오다 가다 달리다
형용사	높다 예쁘다 멋지다
부사	아주 많이 빨리
조사	-이/가 -을/를 -에/에서 -(으)로

1 다음 단어들을 형태소로 나눈 것 중에서 틀린 것을 고르십시오. (   )

① 넓다 : 넓 – 다   ② 하늘 : 하 – 늘   ③ 푸르다 : 푸르 – 다

2 문장을 단어로 바르게 나눈 것을 고르십시오. (   )

① 산에 눈이 온다.   →   산, – 에, 눈, – 이, 온다.

② 공기가 맑아서 좋다.   →   공기, – 가, 맑아, – 서, 좋다.

③ 새가 높이 날아간다.   →   새가, 높이, 날아간다.

3 다음 문장을 어절로 바르게 나눈 것을 고르십시오. (   )

① 가을이∨되었∨다.

② 안나는∨착한∨학생이다.

③ 미술관옆∨에는∨동물원이∨있다.

4 다음 문장을 읽고 형태소, 단어, 어절로 나누어 보십시오.

> 후세인이 학교에 간다.

(1) 형태소

____

(2) 단어

____

(3) 어절

____

1   다음 단어들을 보고 물음에 답하십시오.

> 얼음물 볶음밥 맨몸 봄바람   헛고생 부모님

(1) 합성어를 찾아 쓰십시오.

____

(2) 파생어를 찾아 쓰십시오.

____

2   다음 빈칸에 알맞은 단어를 만들어 보십시오.

단일어	파생어	합성어

1 다음 문장에 쓰인 조사를 찾아 쓰십시오.

> 민수가 커피숍에서 여자친구를 만났다.

(,   ,   )

2 밑줄 친 부분의 품사를 쓰십시오.

(1) 나는 우리 가족을 <u>매우</u> 사랑한다.

[   ]

(2) 밥을 먹기 전에 손을 <u>씻어야</u> 한다.

[   ]

(3) 이 <u>옷</u>을 한 번 입어보세요.

[   ]

(4) 내 남자친구는 영화배우처럼 <u>멋있다.</u>

[   ]

3 다음과 같이 이야기를 만들어 보십시오.

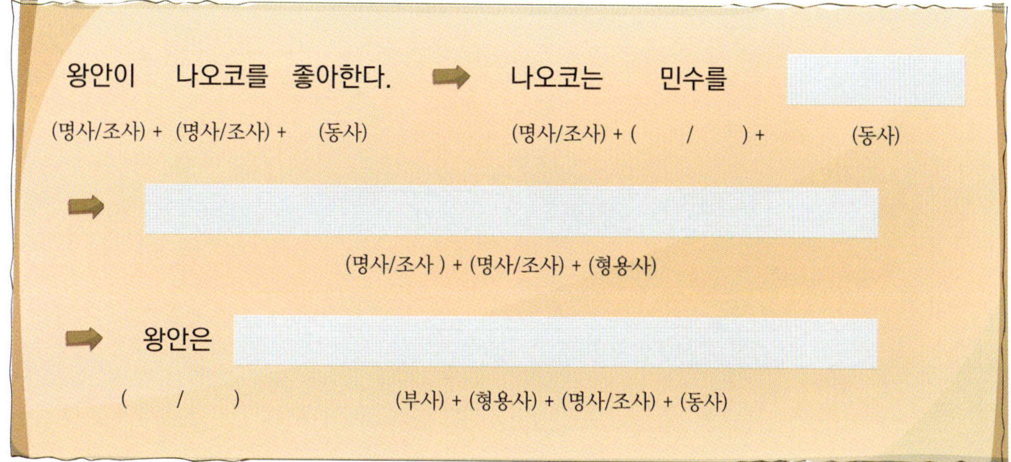

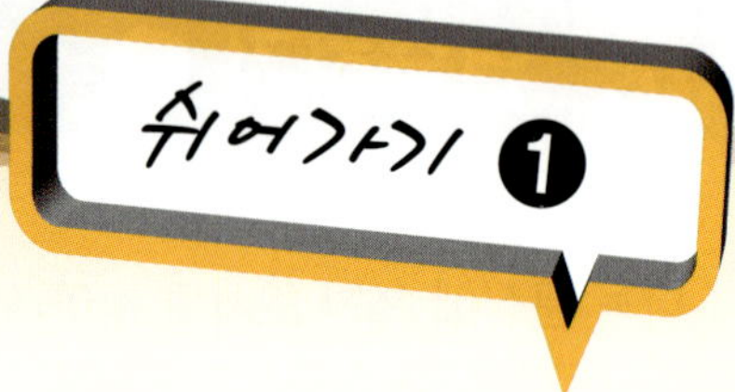

가는 말이 고와야 오는 말이 곱다

　어느 한 동네에 양변기라는 사람이 정육점을 하고 있었습니다. 어느 날 손님 두 명이 고기를 사러 가게에 왔습니다.

　첫 번째 손님이 말했습니다.

"양변기야, 고기 한 근 줘봐라"

　두 번째 손님이 말했습니다.

"양 사장님, 고기 한 근 주세요."

　정육점 아저씨는 두 손님에게 고기를 썰어 주었습니다. 그런데 받은 고기를 살펴보니 주문은 똑같이 한 근을 달라고 했는데 한쪽은 양이 많고 고기의 질도 좋았지만, 다른 한 쪽은 고기의 질도 안 좋을 뿐 아니라 양도 적은 것입니다. 어떤 손님의 고기가 질이 좋고 양도 많았을까요?

02 파생어

· 어근과 접사의 의미를 안다.

· 주로 사용되는 접사를 익힌다.

💡 생각 꺼내기

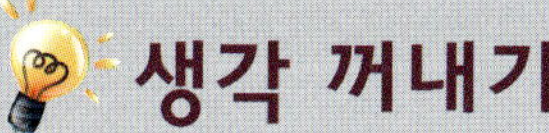

😊 '사랑'과 '첫사랑'은 다른 단어입니까?

단어 만들기 ❶

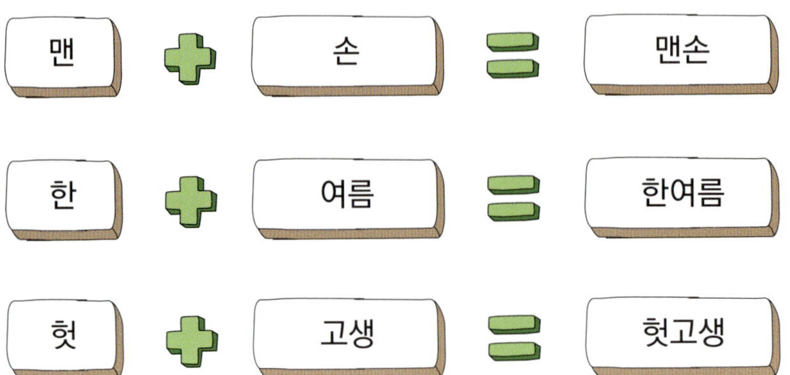

아무 것도 지니지 않은 ⇨ 맨–   한창인, 정확한 ⇨ 한–   이유 없는, 보람 없는 ⇨ 헛–

맨–	맨손 맨발 맨몸 맨입 맨바닥
한–	한여름 한겨울 한가운데 한밤중
헛–	헛고생 헛걸음 헛살다

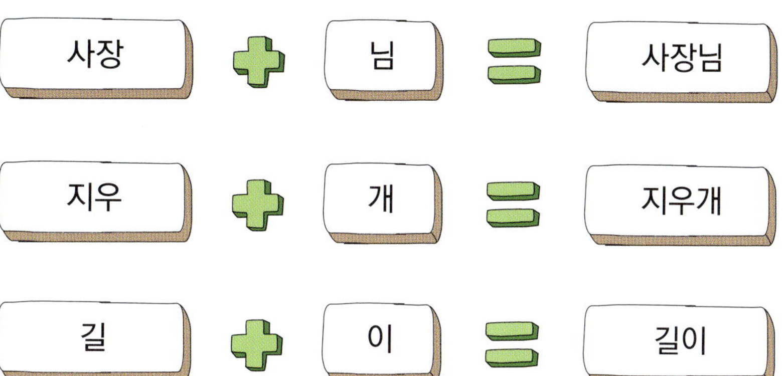

높임 ⇨ -님   사람이나 도구 ⇨ -개   사람, 사물, 일 ⇨ -이

-님	부모님 사장님 교수님 손님 달님 해님
-개	지우개 날개 덮개 마개 코흘리개
-이	젖먹이 재떨이 옷걸이 높이 길이 넓이

1   다음 중 서로 관계있는 것끼리 이으십시오.

(1) 맨- •   • 한창인, 정확한

(2) 한- •   • 아무것도 지니지 않은

(3) 헛- •   • 이유 없는, 보람 없는

2   다음 빈칸에 들어갈 알맞은 접두사를 쓰십시오.

(1) ☐ 고생   (2) ☐ 땅

(3) ☐ 겨울   (4) ☐ 살다

(5) ☐ 가운데   (6) ☐ 몸

3   다음 문장을 읽고 알맞은 단어를 찾아 쓰십시오.

> 한겨울　맨손　한가운데　헛고생　한여름　헛걸음　맨땅

(1) 제냐는 추운＿＿＿＿＿＿＿에도 짧은 치마를 입는다.

(2) 그는 이 사업을 ＿＿＿＿＿＿＿으로 시작하여 부자가 되었다.

(3) 가 : 오늘은 정말 날씨가 덥네요.

　　나 : 네, 이제＿＿＿＿＿＿＿ 이/가 되었나 봐요.

(4) 선생님이 칠판＿＿＿＿＿＿＿에 "안녕하세요!"라고 쓰셨습니다.

(5) 가 : 안나씨, 시험 준비 잘 되어가요?

　　나 : 시험 범위를 잘못 알아 ＿＿＿＿＿＿＿만 했어요.

1 다음 중 서로 관계있는 것끼리 이으십시오.

(1) -님 •   • 높임

(2) -이 •   • 사람이나 도구

(3) -개 •   • 사람, 사물, 일

2 다음 빈칸에 들어갈 접미사를 쓰십시오.

> 님   이   개

(1) 부모　　　　　　(2) 넓　　　　　　(3) 날

(4) 옷걸　　　　　　(5) 교수　　　　　　(6) 재떨

3 다음 문장을 읽고 알맞은 단어를 찾아 쓰십시오.

> 길이　교수님　날개　부모님　높이　손님　지우개

(1) 가 : 안나 씨, 무슨 일 있어요? 왜 울어요?

　　나 : 고향에 계신 ＿＿＿＿＿＿＿ 이/가 보고 싶어요.

(2) 시험 시간에는 책상 위에 연필과＿＿＿＿＿＿만 준비하세요.

(3) 가 : 이 건물이 한국에서 가장 높은 건물입니다.

　　나 : 건물의＿＿＿＿＿＿이/가 얼마나 될까요?

(4) 새들은 참 좋겠다. ＿＿＿＿＿＿이/가 있어서 하늘을 날 수 있으니까…….

(5) 이 가게는 싸고 친절해서 항상＿＿＿＿＿＿이/가 많아요.

(6) 가 : 머리를 좀 잘라 주세요.

　　나 : 머리＿＿＿＿＿＿을/를 어느 정도로 해 드릴까요?

꿩 대신 닭

　꿩고기는 고기 맛이 좋을 뿐만 아니라, 꿩고기를 넣고 끓인 국물 맛도 일품이다. 그러나 옛날에는 꿩고기가 아주 귀하고 비싸서 부잣집에서만 먹을 수 있는 고급음식이었다. 특히 명절이나 특별한 잔치가 있는 날이면 꿩고기를 준비했다. 가난하여 꿩고기를 준비할 수 없는 집에서는 꿩고기와 맛이 비슷한 닭고기를 대신 사용했다. 그래서 '꿩 대신 닭'이라는 속담이 생겼다.

　요즘에도 '꿩'과 '닭'의 관계에 있는 것들이 있다. 예를 들어, 소고기 값이 오르면 사람들은 소고기 대신 돼지고기나 닭고기를 더 많이 사 먹는다. 택시비가 오르면 사람들은 버스나 지하철을 더 많이 이용한다. 또 환율이 올라서 해외여행을 가기 어려우면 제주도에 가는 사람이 많아진다. 이 외에도 꿩과 닭의 관계는 많다.

03 합성어

· 합성어의 의미를 안다.
· 단어를 이용하여 합성어를 만들어 본다.

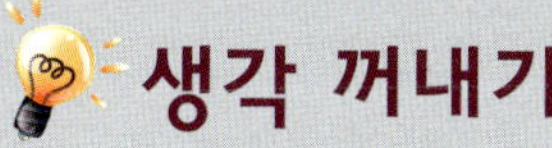 생각 꺼내기

☺ 그림 속의 아이는 무엇을 하고 있습니까?

단어 만들기 ❶

물	강물	얼음물	찬물	국물	꿀물
밥	김밥	비빔밥	볶음밥	찬밥	콩밥
바닥	손바닥	발바닥	땅바닥	밑바닥	

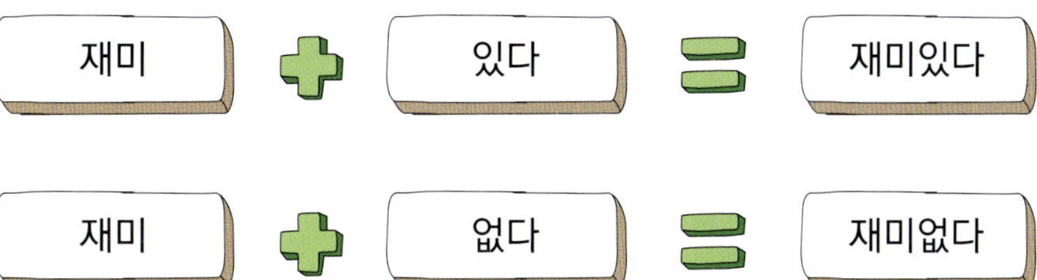

| 재미 | ➕ | 있다 | 🟰 | 재미있다 |
| 재미 | ➕ | 없다 | 🟰 | 재미없다 |

있다	재미있다	맛있다	멋있다		
없다	재미없다	맛없다	멋없다		
오다	가져오다	걸어오다	나오다	내려오다	데려오다
가나	가져가다	걸어가다	나가다	내려가다	데려가다

연습하기 ❶

1 다음 빈칸에 공통으로 들어갈 단어를 쓰십시오.

물 바닥 밥

(1) 얼음□, 강□, 국□, 찬□ ➡

(2) 볶음□, 찬□, 김□, 콩□ ➡

(3) 발□, 밑□, 손□, 땅□ ➡

2 다음 단어의 반대말을 쓰십시오.

(1) 손바닥 ⟷

(2) 재미있다 ⟷

(3) 맛있다 ⟷

(4) 가져오다 ⟷

(5) 나가다 ⟷

(6) 올라오다 ⟷

3 다음 문장을 읽고 알맞은 단어를 쓰십시오.

> 재미있다 맛있다 국물 발바닥 멋있다 가져가다
> 나가다 얼음물 가져오다 내려오다

(1) 이 김밥 미란 씨가 만들었어요? 정말＿＿＿＿＿＿아/어요.

(2) 저는 여러분과 함께 ＿＿＿＿＿＿게 공부하고 싶습니다.

(3) 가 : 화장실이 어디에 있어요?

　　나 : 아래층으로 ＿＿＿＿＿＿(으)면 오른쪽에 있어요.

(4) 가 : 지금 밖에 비가 와요.

　　나 : 어떡하죠? 저는 우산을 안 ＿＿＿＿＿＿아/어요.

(5) 가 : 새로 오신 선생님 봤어요?

　　나 : 네. 키도 크고 아주 ＿＿＿＿＿＿은/는 남자 선생님이에요.

(6) 가 : 보세요! 밖에 눈이 와요.

　　나 : 그래요? 우리 모두 밖으로 ＿＿＿＿＿＿아/어서 사진 찍어요.

(7) 가 : 내일 우리 같이 바닷가에 놀러 갈까요?

　　나 : 좋아요. 사진기는 제가 ＿＿＿＿＿＿(으)ㄹ게요.

(8) 가 : 오늘 날씨가 너무 더워요.

　　나 : 한여름이잖아요. 여기 시원한 ＿＿＿＿＿＿한 잔 드세요.

(9) 가 : 김치찌개 좋아하세요?

　　나 : 네. 김치찌개는 ＿＿＿＿＿＿이/가 얼큰하잖아요.

(10) 구두를 신고 하루 종일 걸어서 ＿＿＿＿＿＿이/가 너무 아파요.

몸과 움직임

· 신체부위와 관련된 이름을 정확히 이해한다.
· 신체의 움직임을 표현하는 단어를 사용할 수 있다.

 **생각 꺼내기**

☺ 아침에 일어나서 가장 먼저 하는 일은 무엇입니까?

☺ 하루에 거울을 몇 번 봅니까?

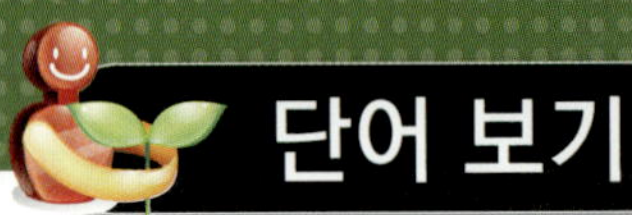

앞모습

뒷모습

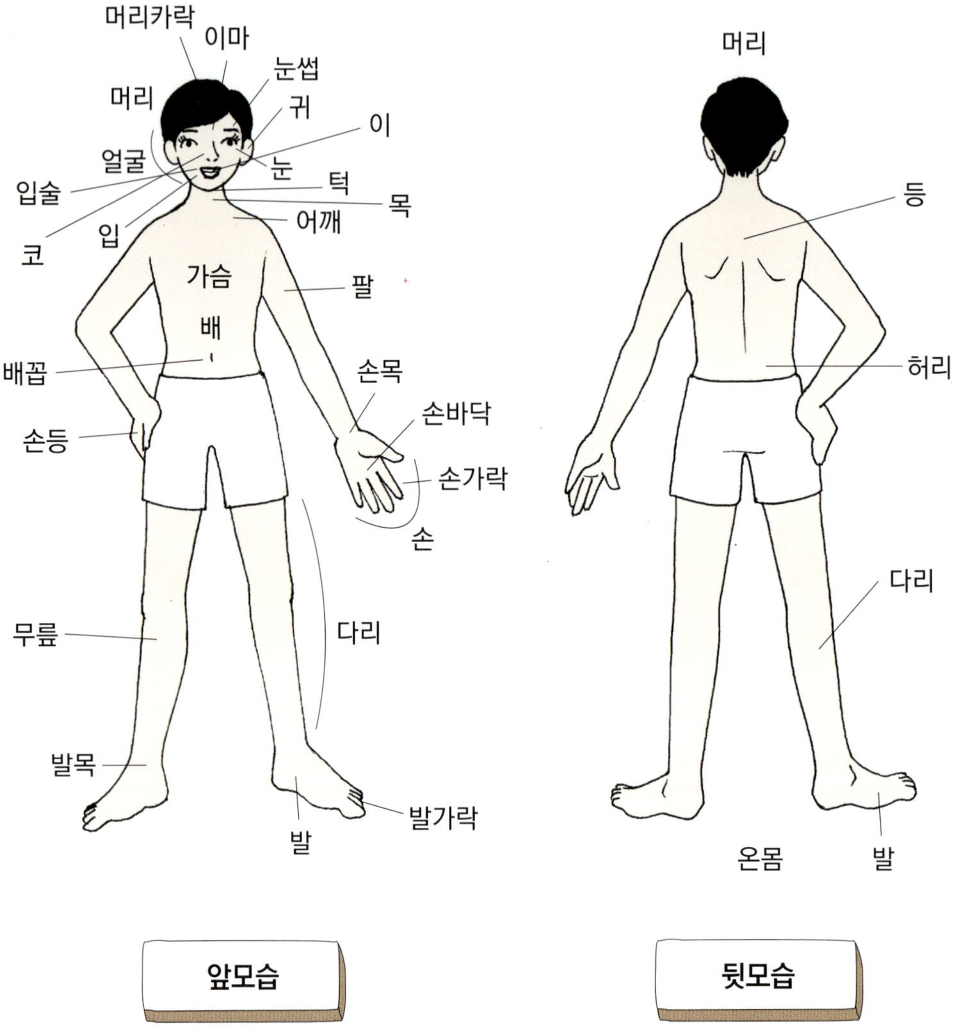

몸	머리 머리카락 어깨 목 가슴 등 배 배꼽
	허리 팔 손 다리 무릎 발 피부 뼈
얼굴	이마 눈썹 눈 코 입 뺨 귀 턱
입	입술 이 혀

단어 잇기

- 나오코는 눈을 감고 잔다.
- 전화벨 소리에 눈을 떴다.
- 후세인은 고개를 돌리고 술을 마셨다.
- 뚜언은 싫다고 머리를 흔들었다.
- 왕안은 고개를 숙이고 아무 말도 못 하였다.
- 수미와 나오코는 다정하게 손을 잡고 걸었다.
- 후세인은 손을 들고 선생님께 질문을 했다.
- 건강하시기를 두 손 모아 빕니다.
- 창 밖에서 친구들이 손을 흔들었다.
- 버스에 사람이 너무 많아서 다른 사람의 발을 밟았다.
- 잠을 잘 때는 다리를 펴는 것이 좋다.
- 아기가 손발을 뻗는 모습이 참 귀여워요.
- 두 눈에서 뜨거운 눈물이 흘렀다.
- 후세인은 땀을 많이 흘린다.

눈	감다　뜨다　보다
머리, 고개	돌리다　흔들다　숙이다
손	잡다　들다　모으다　흔들다　만지다　닿다
발, 다리	밟다　펴다　뻗다
땀	흘리다　씻다
등	두드리다
허리, 몸	세우다

- 나오코는 부모님이 보고 싶어서 **눈물**을 흘렸다.

- 후세인은 나오코의 **손목**을 잡았다.

- 목욕을 한 후에 **손톱**과 **발톱**을 깎았다.

- 나오코는 **손등**으로 눈물을 닦았다.

- **손가락**을 다쳐서 숙제를 할 수 없었다.

- 뚜언은 추워서 **손바닥**을 비볐다.

- 나오코의 노래가 끝나자 사람들이 **손뼉**을 쳤다.

- 수미는 계단을 내려오다 넘어져서 **발목**을 다쳤다.

- 왕안이 버스 안에서 옆 사람의 **발등**을 밟았다.

- 구두가 작아서 **발가락**이 아프다.

- 피곤할 때 **발바닥**을 만져주면 시원하다.

- 경찰이 도둑의 **손발**을 묶었다.

- 운동을 오래했더니 **온몸**에 땀이 난다.

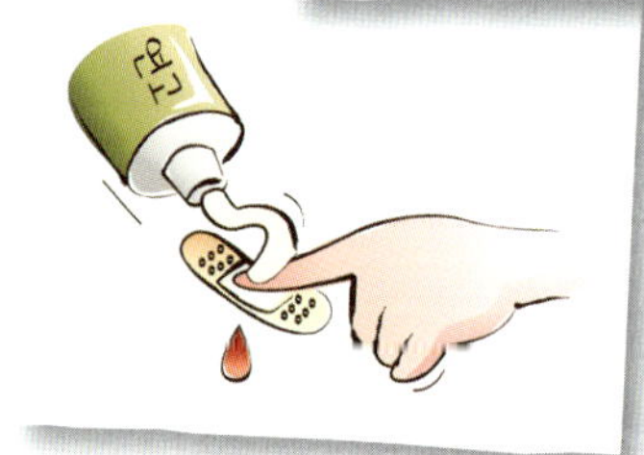

눈	눈물							
손	손목	손톱	손등	오른손	왼손	손가락	손바닥	손뼉
발	발목	발톱	발등	오른발	왼발	발가락	발바닥	손발
몸	온몸							

1 다음을 보고 생각나는 단어를 써 봅시다.

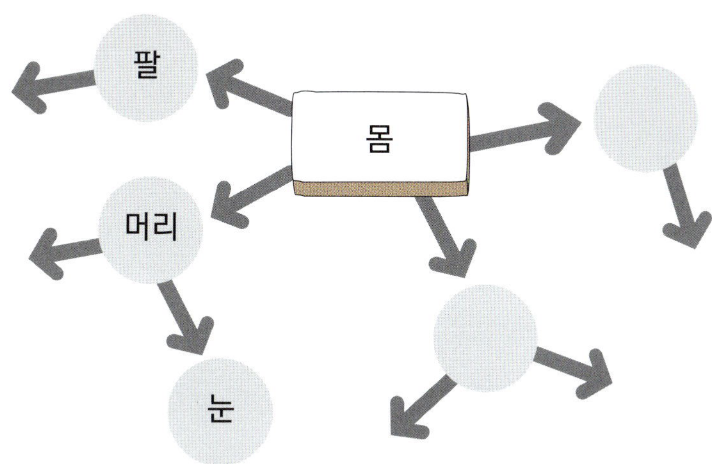

2 다음 중 서로 관계있는 것끼리 이으십시오.

(1) 눈 •

(2) 손 •

(3) 머리 •

(4) 눈물 •

(5) 발 •

• 잡다

• 밟다

• 흘리다

• 감다

• 숙이다

3 다음을 읽고 공통으로 들어갈 단어를 쓰십시오.

> 들다   흔들다   흐르다   흘리다

(1) 이 문제 풀 수 있는 사람은 손을 ＿＿＿＿＿＿＿.

　　머리를 숙이고 있으면 잠이 오니까 모두들 머리를 ＿＿＿＿＿＿.

(2) 창밖에 있는 학생들이 선생님에게 손을＿＿＿＿＿＿.

　　그 사람은 싫다고 머리를＿＿＿＿＿＿.

(3) 너무 더워서 목 밑으로 땀이＿＿＿＿＿＿.

　　두 눈에서 뜨거운 눈물이＿＿＿＿＿＿.

4 다음 빈칸에 공통으로 들어갈 단어를 쓰십시오.

> 목　가락　눈　손　왼　발

(1) □물, □썹　　➡

(2) 손□□, 발□□　　➡

(3) 손□, 발□　　➡

(4) □손, □발　　➡

(5) □뼈, □바닥　　➡

(6) 손□, 왼□　　➡

1   다음 설명을 읽고 해당하는 단어를 찾으십시오.

> 눈물   손목   땀   고개

(1) ____________________ : 목의 뒤쪽

(2) ____________________ : 기쁘거나 슬플 때 눈에서 흐르는 맑은 물

(3) ____________________ : 덥거나 긴장했을 때 온몸에서 나오는 맑은 물

(4) ____________________ : 손과 팔이 이어지는 몸의 부분

2   다음 밑줄 친 단어들의 의미 차이를 말해보십시오.

(1) 수미는 사고로 <u>머리</u>를 다쳤어요.

어제 미용실에서 <u>머리</u>를 짧게 잘랐어요.

아무리 <u>머리</u>가 나쁜 사람도 이 정도는 알 수 있어요.

(2) 식사 전에는 반드시 <u>손</u>을 씻어야 합니다.

그 문제는 우리 <u>손</u>으로 해결 할 수 있어요.

나는 결국 엄마한테 두 <u>손을 들고</u> 말았다.

(3) <u>눈</u>을 감고 음악을 들어보세요.

저는 어렸을 때부터 <u>눈</u>이 나빴어요.

책을 펴 놓고 있지만 글자가 <u>눈에 들어오지 않아요</u>.

(4) <u>입</u>에 음식을 넣고 말을 하지 마십시오.

아이는 떡을 한 <u>입</u>에 먹었다.

어머니는 내 뺨에 <u>입을 맞추셨다</u>.

3 다음 문장을 읽고 공통으로 들어갈 단어를 쓰십시오.

> 감다　뜨다　눈　배　발　다리

(1) 눈을 ＿＿＿＿＿＿＿＿＿＿(으)면 고향 생각이 납니다.

　　나는 아침마다 머리를 ＿＿＿＿＿＿＿＿＿＿.

(2) 햇빛 때문에 ＿＿＿＿＿＿＿＿＿＿을/를 뜰 수가 없습니다.

　　그 여자는 피부가 ＿＿＿＿＿＿＿＿＿＿처럼 하얗고 깨끗합니다.

(3) 오래 걸었더니 ＿＿＿＿＿＿＿＿＿＿이/가 너무 아파요.

　　새로 생긴 ＿＿＿＿＿＿＿＿＿＿(으)로 가면 금방 도착할 거예요.

(4) 나오코가 갑자기 ＿＿＿＿＿＿＿＿＿＿이/가 아프다고 했어요.

　　수미의 용돈은 제 용돈의 두 ＿＿＿＿＿＿＿＿＿＿쯤 돼요.

활용하기

- 얼굴이 작아지는 방법

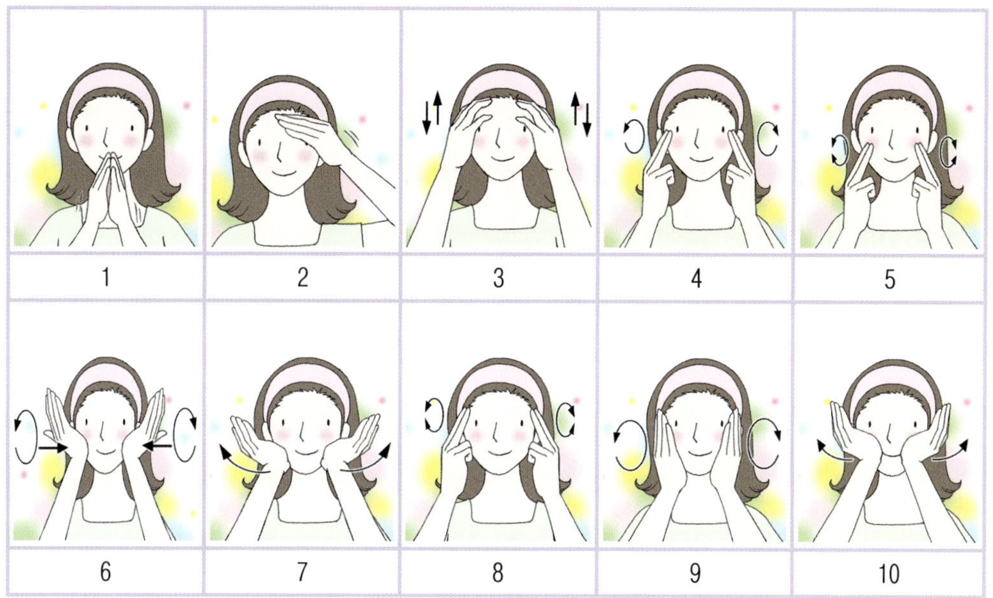

1. 손바닥을 뜨겁게 만든다.

2. 왼손과 오른손으로 이마를 10회 만진다.

3. 손가락 끝으로 머리카락이 시작되는 부분을 위아래로 10회 만진다.

4. 눈 옆을 살짝 눌러준 후 앞으로 10번, 뒤로 10번 원을 그리면서 돌린다.

5. 얼굴 가운데를 손가락으로 누른 후 앞으로 10번, 뒤로 10번 돌린다.

6. 손바닥으로 광대뼈를 앞으로 10번, 뒤로 10번 돌린 후 세게 10초 동안 누른다.

7. 손바닥을 이용해 얼굴 아래에서 목 뒤쪽으로 세게 민다.

8. 손가락을 이용해 눈 옆을 앞으로 10번, 뒤로 10번씩 돌린다.

9. 얼굴의 위, 가운데, 옆, 입 옆, 코 부분을 원을 그리면서 세게 누른다.

10. 손바닥을 펴서 코 옆에 붙이고 목 뒤로 올리듯이 세게 5~10회 정도 민다.

누워서 떡먹기

누워서 떡을 먹는 것은 누구나 할 수 있는 아주 쉬운 일을 말할 때 사용합니다. 옛날에는 명절이나 큰 잔치가 있으면 이웃끼리 서로 도와서 음식을 만들고 떡이나 부침개를 나누어 먹었습니다. 그러나 그 중에는 일을 하지 않고 만들어 놓은 음식만 가져와서 먹는 사람도 있었습니다.

이렇게 아무 일도 하지 않고 누워만 있다가 떡을 먹는 것처럼. 노력 없이 쉽게 어떤 것을 얻는 행동을 보고 '누워서 떡 먹기'라고 했습니다.

하지만 실제로 누워서 떡을 먹으면 어떻게 될까요? 정말 누워서 떡을 먹는 일은 쉬운 일일까요?

속담의 뜻과는 반대로 누워서 떡먹기는 아주 위험한 행동입니다. 누워서 떡을 먹다가 기도가 막히면 숨을 못 쉬어 죽을 수도 있기 때문입니다. 따라서 누워서 떡을 먹는 행동은 절대 따라 하면 안 됩니다.

05 날씨와 계절

· 계절에 따른 날씨를 표현할 수 있다.

· 일기예보를 통하여 날씨를 예측할 수 있다.

 **생각 꺼내기**

◎ 오늘 날씨가 어떻습니까?

◎ 날씨가 좋은 날, 무엇을 하고 싶습니까?

단어 보기

- 갑자기 **소나기**가 쏟아지기 시작했다.

- 여기는 더우니까 **그늘** 진 곳으로 가자.

- 오늘은 바람이 불고 **파도**가 높아요.

- 산을 오르다가 큰 **바위**에 앉아서 잠시 쉬었다.

- 오늘은 **기온**이 낮으니 옷을 따뜻하게 입으세요.

- 겨울 기온이 **섭씨** 18도를 넘을 것이라고 한다.

- 오늘 낮 기온은 **영상** 7도까지 올라가서 봄 날씨 같아요.

- 오늘은 기온이 **영하**로 떨어지고 눈도 옵니다.

- 자동차가 많아지면서 **공기**가 나빠졌다.

계절	봄　여름　가을　겨울
날씨	따뜻하다　덥다　시원하다　춥다
자연	바람　구름　비　눈　하늘　소나기　그늘　파도　바위　태풍
일기	기온　섭씨　영상　영하　공기　지구　얼음

단어 잇기

- 태풍이 불어서 나무가 뽑히고 집이 무너졌다.
- 겨울에는 찬 바람이 많이 분다.
- 눈이 내려서 온 세상이 하얗다.
- 여름에는 비가 자주 내린다.
- 비가 오면 학교에 가기 싫다.
- 겨울에는 여름보다 일찍 해가 진다.
- 오늘은 하늘이 맑아서 기분이 좋다.

바람, 태풍	불다		
비, 소나기, 눈	내리다	오다	그치다
해	지다	뜨다	
하늘	맑다	흐리다	

- **장마철**에는 항상 우산을 가지고 다녀야 한다.
- **봄철**에는 바람이 많이 불지만 햇볕은 따뜻하다.
- **여름철**에는 음식이 상해서 식중독에 걸릴 수 있다.
- **겨울철**에는 감기에 걸리지 않도록 하십시오.
- 날씨가 너무 추워서 **강물**이 얼었다.
- 너무 더워요. 시원한 **얼음물**을 마시고 싶어요.

철	봄철 여름철 가을철 겨울철 장마철
물	찬물 빗물 강물 얼음물

1 다음 중 서로 관계있는 것끼리 이으십시오.

(1) 바람 •   • 끼다

(2) 하늘 •   • 불다

(3) 해 •   • 내리다

(4) 구름 •   • 맑다

(5) 눈 •   • 뜨다

2 다음 단어 중 관계없는 것을 고르십시오.

(1) 봄, 여름, 그늘, 가을, 겨울

(2) 따뜻하다, 덥다, 시원하다, 춥다, 넘치다

(3) 바람, 얼굴, 태풍, 소나기, 구름, 눈

(4) 운동, 기온, 영상, 섭씨, 영하

3 다음 중 서로 반대되는 것끼리 이으십시오.

(1) 영상 •   • 춥다

(2) 뜨다 •   • 시원하다

(3) 덥다 •   • 영하

(4) 따뜻하다 •   • 지다

1 다음을 읽고 알맞은 단어를 고르십시오.

> 지구   덥다   뜨다   따뜻하다   끼다   지다   영하   영상

(1) 가 : 오늘 저녁에 비가 올까요?

　　나 : 그럼요. 하늘에 구름이 많이 ____________.

(2) 가 : 오늘이 어제보다 더 추운 것 같아요.

　　나 : 네. 오늘 갑자기 온도가 ____________(으)로 내려갔어요.

(3) 가 : 수미 씨, 뉴스에서 ____________이/가 점점 따뜻해지고 있다고 해요.

　　나 : 저도 봤어요. 여름이 점점 더____________ 진다고 해요.

(4) 가 : 아직 6시 밖에 안 됐는데 너무 어두워요.

　　나 : 겨울에는 해가 일찍 ____________.

2 다음의 단어를 선택하여 문장을 만드십시오.

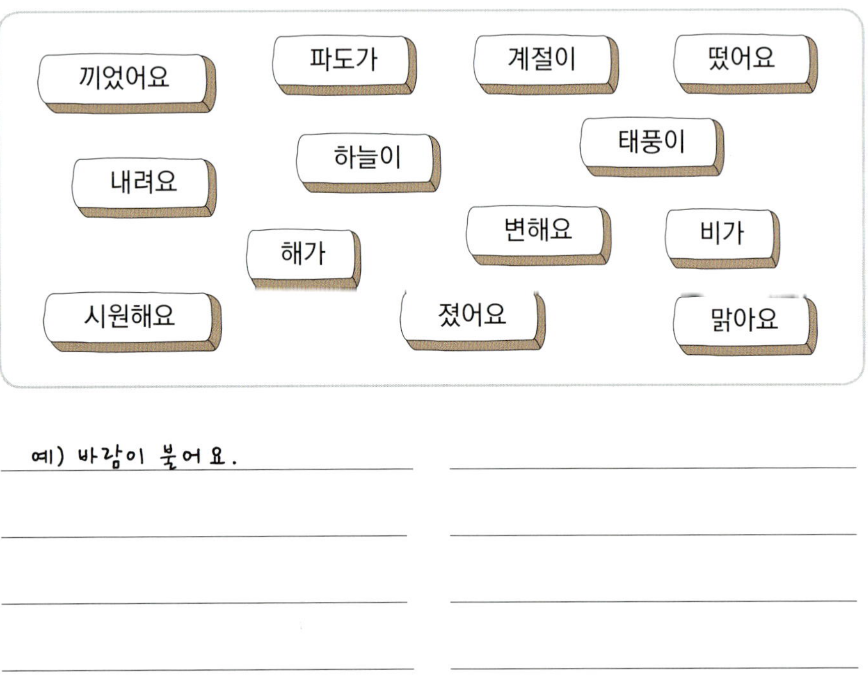

　　예) 바람이 불어요.

________________________________　________________________________

________________________________　________________________________

________________________________　________________________________

■ 다음은 일기예보입니다. 잘 읽고 물음에 답하십시오.

부산의 일기예보입니다.

장마가 끝난 후로 날씨가 무척 덥습니다. 시원한 옷차림이 좋겠습니다. 오늘 부산은 구름이 조금 끼겠습니다. 아침 최저기온은 섭씨 21도이고 낮 최고기온은 섭씨 31도입니다. 오늘은 어제보다 덥겠습니다.

이번 주말은 빨래하기 좋은 날씨입니다. 장마 기간 동안 미뤄둔 빨래를 하시는 것도 좋을 것 같습니다. 주말인 31일과 1일은 구름이 조금 끼겠지만 대체로 맑겠습니다. 31일은 구름 없는 맑은 날씨이겠고, 아침 최저기온은 섭씨 17도, 낮 최고기온은 섭씨 27도입니다. 다음달 1일은 구름이 조금 끼겠습니다. 아침 최저기온은 19도, 낮 최고기온은 28도입니다.

그러나 다음 주에는 태풍소식이 있습니다.

다음 주 월요일부터 전국이 태풍의 영향에 들어가면서 소나기가 쏟아지는 곳이 있겠습니다. 다음 주에는 우산을 꼭 준비하시기 바랍니다.

1 무슨 계절입니까?

2 다음 표를 완성하십시오.

오늘 날씨 30일(금)		내일 날씨 31일(토)		모레 날씨 1일(일)	
흐림					
최저기온	21℃	최저기온		최저기온	
최고기온	31℃	최고기온	27℃	최고기온	

3 다음 주 날씨를 설명하십시오.

■ 여러분 나라의 날씨는 어떻습니까? 사람들은 무엇을 합니까? 아래의 표를 완성하고 서로
이야기해 보십시오.

	날씨	활동, 옷차림
봄		
여름		
가을		
겨울		

06 시간과 공간

· 때와 장소를 상황에 맞게 표현할 수 있다.
· 지도를 보고 위치를 설명할 수 있다.

 생각 꺼내기

◎ 그림을 보고 무슨 일이 일어났는지 이야기해 봅시다.

◎ 어렸을 때 기억나는 일이 있습니까? 말해보십시오.

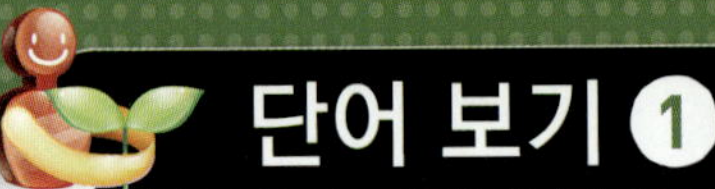

단어 보기 ❶

- 저는 **금년**에 대학을 졸업합니다.
- 지금은 2000**년대**이다.
- 올해는 2009**년도**이다.
- **매년** 이때 태풍이 분다.
- 내가 그 사람을 만난지 **수년**의 시간이 흘렀다.
- 사람들은 **연초**에 새로운 일을 계획한다.
- **연말**이라서 거리에 사람들이 많다.
- 나오코와 뚜언은 영화가 무서워서 **동시**에 소리를 질렀다.
- 문제가 생기면 **즉시** 해결해 드리겠어요.
- 이름을 듣는 **순간** 옛 기억이 떠올랐다.
- 죄송합니다. **잠깐** 기다리세요.
- **이제**부터 일주일에 한 번씩 꼭 부모님께 편지를 쓸 겁니다.
- **아까** 후세인에게 전화를 했는데 통화 중이었다.
- **나중**에 제가 다시 전화할게요.
- 저는 아무 **때**나 좋으니까 언제든 전화 주세요.
- **평일**은 주말보다 더 일이 많다.
- 여행을 왔으니까 **평소**에 해 보지 못한 것을 해보자.
- 어머니는 **평생** 나를 위해서 살아 오셨다.
- 우리가 **마지막**으로 만난 게 언제죠?

년	금년　년대　년도　매년　수년　연초　연말								
월	달　개월								
일	날　하루　이틀　사흘　나흘　닷새　열흘　종일　연휴								
시간	동시　즉시　순간　잠깐　이제　아까　나중　때　마지막　끝								
	평일　평소　평생								

- 백화점은 보통 시내 **중심**에 있다.
- 선생님은 책상 **중간**에 서 계셨다.
- 민수는 합격 전화를 기다리느라 전화 **곁**을 떠나지 못했다.
- 후세인은 학교 **근처**에서 하숙을 한다.
- 우리 학교 **주변**에 백화점이 생겼다.
- 책상과 침대 **사이**에 책꽂이를 놓았다.
- 학교 뒷산 **너머**에는 무엇이 있어요?
- 간절곶은 한국의 동쪽 **끝**에 있다.

건물	공장	사무실	창고	주차장	가게	카페	교회	주택
위치	중심	중간	곁	근처	주변	사이	너머	끝

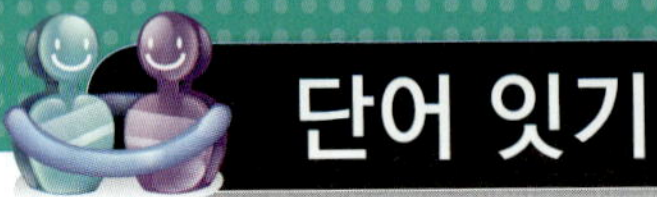

단어 잇기

- 산 **넘어서** 또 산이네요.
- 왕안은 약속 시간이 훨씬 **지나서** 나타났다.
- 이 다리를 **건너면** 섬에 도착한다.
- 나오코가 뚜언을 만난 지 오랜 시간이 **흘렀다**.
- 시간은 여섯 시를 **넘어서고** 있었다.
- 10년이 하루처럼 빨리 **지나갔다**.
- 시간이 너무 **오래되어서** 잘 기억나지 않는다.
- 장마가 한달동안 **계속되었다**.
- 나오코와 뚜언은 **영원한** 친구가 되기로 약속했다.

산, 다리	넘다 건너다					
시간	지나다	지나가다	오래되다	계속되다	영원하다	(~시를) 넘어서다 흐르다

- 고향에 가서 **옛날** 친구들을 만났다.
- **오늘날** 지구의 환경은 더 나빠지고 있다.
- 여기 달력 좀 보세요. **이날**은 휴일이니까 수업이 없어요.
- 목요일에 만날 수 없어요. **그날**은 시험이 있어요.
- 바로 **이때**, 기다리던 친구가 나타났다.
- 다음 주에 월급을 타요. **그때** 제가 한턱 낼게요.
- **그동안** 안녕하셨습니까?
- 더운 날씨가 **한동안** 계속될 것이다.
- 아주 **오랫동안** 만나서 마치 형제 같다.
- 이 시계는 **오래전**에 할아버지께서 사주신 것이다.
- **오랜만**에 오니까 길을 잘 모르겠다.
- 아기가 **밤낮**이 바뀌어서 요즘 잠을 잘 못 잔다.
- 이 **밤중**에 어딜 나가니?
- 민수는 시험 때문에 **밤새도록** 공부를 했다.
- 어제 **밤늦도록** 술을 마셨다.
- 요즘 시험기간이라서 아주 바빠요.
- **요새** 어떻게 지내요?

해, 년	새해　그해　지난해　재작년
날	옛날　오늘날　이날　그날　첫날　이튿날
때	이때　그때
동안	그동안　한동안　오랫동안
오래	오래전　오랜만　오래간만
밤	밤낮　밤중　밤새다　밤늦다
	요즈음, 요즘　요사이, 요새

- 이 식물은 **물속**에서 삽니다.

- **산속**이라 그런지 밤에 찬바람이 많이 부네요.

- **머릿속**에 생각나는 일을 말해 보세요.

- 민수는 잠시 **길가**에 차를 세우고 가게에 들어갔다.

- 대학 근처 **길거리**에서는 자유롭게 노래하는 사람들을 쉽게 볼 수 있다.

- 밤에 어두운 **골목길**을 혼자 걸을 때는 조심해야 한다.

- 다음 시간에는 꼭 책을 **가져와야** 한다.

- 내 가방을 누가 **가져갔어요**?

- 민수가 옷을 동생에게 **가져다줬다**.

속	물속　　산속　　머릿속
길	길가　　길거리　　골목길
가지다	가져오다　　가져가다　　가져다주다

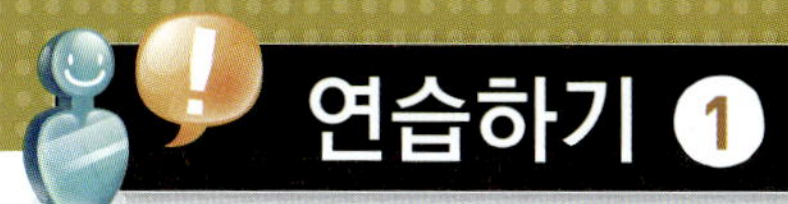

1 다음 설명을 읽고 해당하는 단어를 찾아 쓰십시오.

> 아까　잠깐　평생　평소　연휴　동시

(1) ＿＿＿＿＿＿＿＿　: 특별한 일이 없는 보통 때

(2) ＿＿＿＿＿＿＿＿　: 이틀 이상 계속되는 휴일

(3) ＿＿＿＿＿＿＿＿　: 조금 전에

(4) ＿＿＿＿＿＿＿＿　: 태어난 때부터 죽을 때까지

(5) ＿＿＿＿＿＿＿＿　: 어떤 일이 같은 시간에 일어남

2 다음 빈칸에 공통으로 들어갈 단어를 찾아 쓰십시오.

> 해　속　길　밤　날　이

(1) 그□, 옛□, 첫□, 이틀□　➡　＿＿＿＿＿＿

(2) 지난□, 새□, 그□　➡　＿＿＿＿＿＿

(3) 머릿□, 산□, 물□　➡　＿＿＿＿＿＿

(4) □때, □번, □날　➡　＿＿＿＿＿＿

(5) □가, □거리, 골목□　➡　＿＿＿＿＿＿

3 다음 단어 중 관계없는 것을 고르십시오.

(1) 하루, 사흘, 평생, 닷새, 열흘

(2) 주차장, 사이, 창고, 가게, 주택

(3) 너머, 곁, 주변, 동시, 근처

(4) 개월, 즉시, 잠깐, 아까, 평소

1 다음을 읽고 빈칸에 알맞은 단어를 고르십시오.

(1)   건너다   넘다

- 횡단보도를 ＿＿＿＿＿＿ 때는 좌우를 살펴야 한다.
- 눈 앞에 보이는 산을 ＿＿＿＿＿＿(으)면 바다가 보일 것이다.

(2)   근처   곁   주변

- 부모님 ＿＿＿＿＿＿을/를 떠나 생활하는 것이 너무 힘들다.
- 우리집은 약국 ＿＿＿＿＿＿에 있어서 찾기 쉽다.
- 요즘은 대학교 ＿＿＿＿＿＿에 가게가 많아서 물건 사기 좋다.

(3)   중간   중심

- 수미는 수업 ＿＿＿＿＿＿에 머리가 아파서 병원에 갔다.
- 한국에서 정치와 경제의 ＿＿＿＿＿＿은 서울이고, 영화의 ＿＿＿＿＿＿은 부산이다.

(4)   길가   길거리

- 월드컵 축구 경기를 할 때 전 국민이 ＿＿＿＿＿＿로 뛰쳐나와서 응원을 했다.
- 이곳은 차들이 빨리 달리는 곳이니까 ＿＿＿＿＿＿로만 걸어야 한다.

(5)   동시   즉시

- 이 편지를 다 읽는 ＿＿＿＿＿＿ 찢어버리세요.
- 수미는 졸업과 ＿＿＿＿＿＿에 결혼을 했다.

(6)   자리   좌석   주변

- 주말에 영화를 보려면 미리 ＿＿＿＿＿＿을/를 예매해 두어야 한다.
- 이 강의는 듣는 사람이 많아서 늦게 가면 ＿＿＿＿＿＿이/가 없을 수도 있다.
- 후세인은 인기가 많아서 항상 ＿＿＿＿＿＿에 친구들이 많다.

■ 다음 그림을 보고, 빈칸에 알맞은 단어를 찾아 쓰십시오.

근처 주변 중간 중심 사이 뒤 아래

　우리 마을은 깨끗하고 조용한 곳입니다. 마을 ＿＿＿＿＿＿에는 강이 흐르고 있는데, 강물이 너무 맑고 깨끗해서 여름에는 아이들이 수영을 하기도 합니다. 그리고 이 강의 ＿＿＿＿＿＿에는 공원이 있습니다. 저는 어릴 때 주로 이 공원 ＿＿＿＿＿＿에서 놀았습니다. 공원에는 산도 있고 나무가 많아서 놀기에 좋습니다.

　강을 건너는 다리가 두 개 있습니다. 하나는 마을의 ＿＿＿＿＿＿에 있고, 또 하나는 마을의 ＿＿＿＿＿＿에 있습니다. 그렇지만 사람이나 차가 건널 수 있는 것은 마을의 ＿＿＿＿＿＿에 있는 다리입니다. 이 다리는 비가 많이 오면 건널 수 없습니다.

　우리집은 기차역의 ＿＿＿＿＿＿에 있습니다. 아침마다 학교에 갈 때 마을의 ＿＿＿＿＿＿에 있는 다리를 건너가야 합니다. 우리집과 학교 ＿＿＿＿＿＿에 다리가 있어서 비가 많이 오는 날은 학교에 갈 수 없습니다. 그래서 저는 비가 많이 오는 날이 참 좋습니다.

호랑이에게 물려가도 정신만 차리면 된다

옛날, 어느 겨울날이었다.

토끼가 먹을 것을 찾아 산속을 가고 있었는데, 배고픈 호랑이를 만났다.

"토끼야, 내 배가 너무 고파서 너를 잡아먹어야겠다."

토끼는 호랑이가 무서웠으나, 정신을 똑바로 차리고 호랑이에게 말했다.

"호랑이 아저씨, 저는 너무 작고 **삐삐**말라서 먹어도 배가 부르지 않을 거예요. 제가 맛있는 고기를 배부르게 먹을 수 있는 곳을 가르쳐 드릴게요. 그래도 배가 부르지 않으면 그 때 저를 잡아먹으세요."

"그런 곳이 있다고? 그곳이 도대체 어디야?"

토끼는 호랑이를 연못가로 데리고 갔다. 호랑이에게 꼬리를 물속에 담그고 있으면 물고기가 잔뜩 붙을 것이라고 했다. 호랑이가 추워서 꼬리를 빼려고 하면, 토끼는 조금만 더 참으라고 하였다.

해가 지고 늦은 밤이 되었다. 추운 연못의 물은 호랑이의 꼬리와 함께 꽁꽁 얼어붙었다.

"토끼야, 내 꼬리가 이상해 움직일 수가 없어."

"그래요? 호랑이 아저씨, 그럼 저 먼저 집에 갈게요."

토끼는 호랑이에게 잡혔지만, 정신을 똑바로 차리고 기막힌 지혜로 도망칠 수 있었다.

07 방향과 순서

학습목표　· 때와 장소를 상황에 맞게 표현할 수 있다.
　　　　　· 지도를 보고 위치를 설명할 수 있다.

 생각 꺼내기

◎ 한국에서 길을 잃은 적이 있습니까?
◎ 여러분이 사는 집의 위치를 설명할 수 있습니까?

- 마을의 **앞길**을 넓히는 공사를 하고 있다.
- 당신의 **앞날**에 좋은 일만 생기십시오.
- 마을 **앞뒤**로 맑은 물이 흐른다.
- 그 남자는 우리들을 **위아래**로 훑어보았다.
- 바람이 너무 불어서 산 **꼭대기**까지 올라 갈 수 없었다.

방향	동 서 남 북 가로 세로		
	앞쪽 뒤쪽 위층 아래층		
순서	앞길 앞날 앞뒤 위아래		
	안쪽 꼭대기		

단어 잇기

- 어머니는 길에 **나와서** 나를 기다리고 계셨다.
- 왕안은 밥 위에 김치를 **얹어** 먹었다.
- 남쪽을 **향한** 집이 겨울에 따뜻하고 여름에 시원하다.
- 민수는 집으로 가기 위해 지하철 역으로 **향했다**.
- 횡단보도를 **건너면** 버스 정류장이 있다.

집, 길	나오다
손	얹다
남쪽	향하다
다리, 길	건너다

단어 늘리기

- 저 다리를 **건너가면** 공항이 보인다.
- 이 산을 **넘어가면** 길이 있을 거예요.
- 나는 고양이에게 조심조심 **다가갔다.**
- 친구가 계단을 **올라가다가** 넘어졌어요.
- 한강은 서해 바다로 **흘러간다.**
- 민수는 맞은편 가게에 있는 친구를 보고 횡단보도를 **건너왔다.**
- 이층으로 **올라오는** 발소리가 들렸다.
- 한라산에서 **내려다본** 바다는 정말 아름다웠다.
- 이상한 소리가 나서 주위를 **둘러보았다.**
- 어머니가 잠자는 아이의 모습을 **바라보고** 있다.
- 식사를 마치고 수저를 식탁에 **내려놓았다.**
- 반찬을 식탁에 **올려놓아** 주세요.
- 내가 좋아하는 음악이 라디오에서 **흘러나오고** 있다.

가다	건너가다 넘어가다 다가가다 올라가다 흘러가다
오다	건너오다 다가오다 올라오다
보다	내려다보다 둘러보다 바라보다
놓다	내려놓다 올려놓다
나오다	흘러나오다

1 다음 빈칸에 공통으로 들어갈 단어를 쓰십시오.

> 가다   오다   보다   놓다

(1) 건너 　　　　　　　 넘어

(2) 둘러 　　　　　　　 바라

(3) 내려 　　　　　　　 올려

(4) 내려다 　　　　　　　 쳐다

2 다음 중 서로 반대되는 것끼리 이으십시오.

(1) 올라가다　　·　　　　　　　·　내려가다

(2) 내려다보다　·　　　　　　　·　뒤쪽

(3) 올려놓다　　·　　　　　　　·　올려다보다

(4) 앞쪽　　　　·　　　　　　　·　내려놓다

(5) 위쪽　　　　·　　　　　　　·　아래쪽

3 다음 설명을 읽고 해당하는 단어를 찾아 쓰십시오.

> 나오다   얹다   향하다   건너다

(1) 　　　　　　　 : 어떤 쪽으로 방향을 잡다.

(2) 　　　　　　　 : 다리를 넘어가서 맞은편으로 가거나 오다.

(3) 　　　　　　　 : 안에서 밖으로, 뒤에서 앞으로 오다.

(4) 　　　　　　　 : 무엇을 무엇 위에 올려놓다.

1 다음을 읽고 빈칸에 알맞은 단어를 쓰십시오.

(1) **올라오다　올라가다**

- 나는 다음 달에 중급으로 ____________________.

- 오늘 시골에서 부모님이 ____________________.

(2) **건너가다　넘어가다**

- 횡단보도를 ____________면 버스정류장이 있어요.

- 이 문제는 어려우니까____________는 것이 좋겠네요.

(3) **바라보다　둘러보다**

- 수미는 비 내리는 창밖을 ____________았/었/였다.

- 다음 주에 이사 갈 동네를____________고 왔다.

(4) **내려놓다　올려놓다**

- 짐이 무거우니까 잠시 ____________으세요.

- 여러분, 숙제 한 것을 책상 위에____________으세요.

(5) **흘러가다　흘러나오다**

- 제가 벌써 스물세 살이라니, 시간이 참 빨리____________네요.

- 어디에서 음악소리가 ____________는 것 같아요.

주사위 놀이

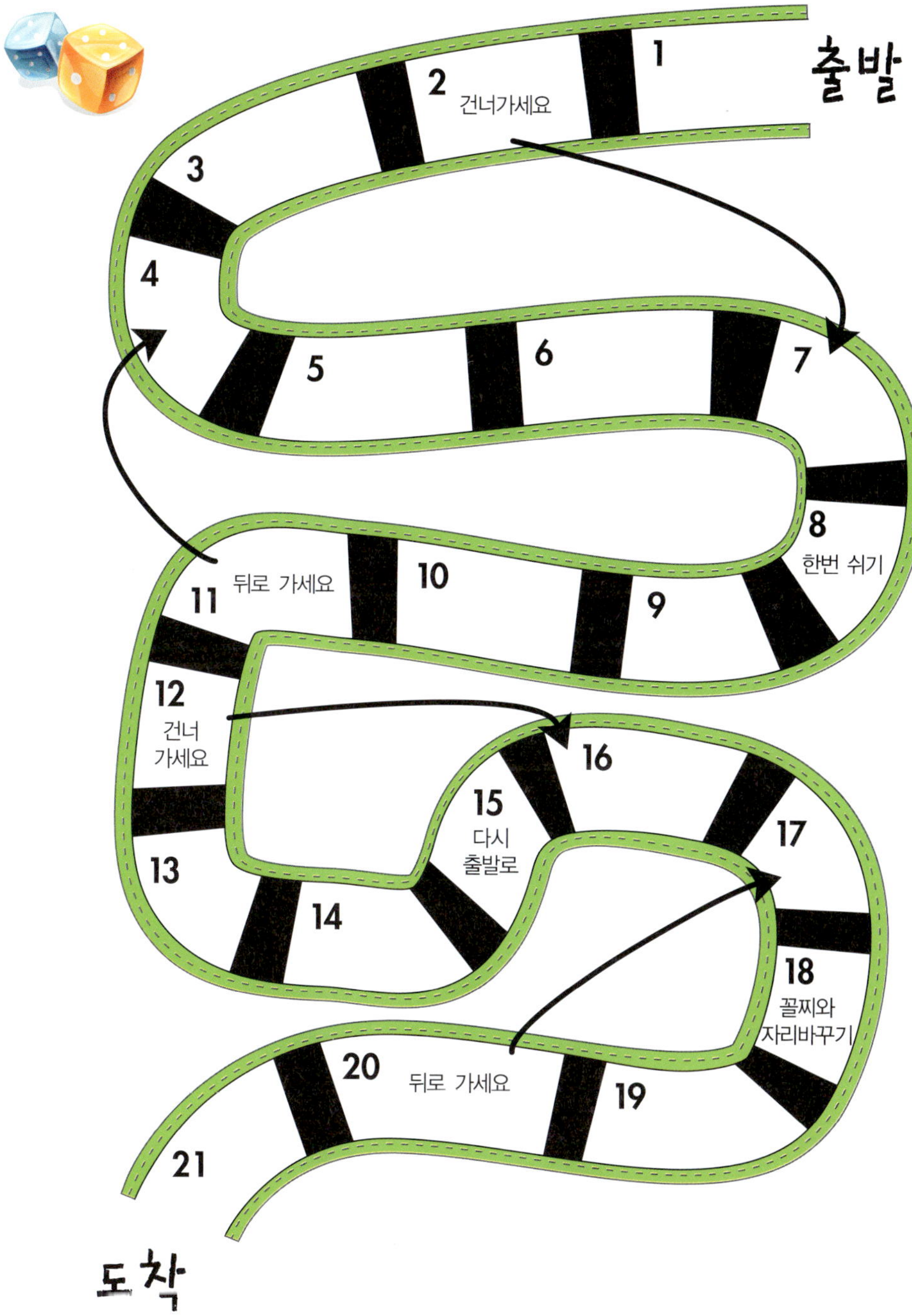

출발

1

2 건너가세요

3

4

5

6

7

8 한번 쉬기

9

10

11 뒤로 가세요

12 건너 가세요

13

14

15 다시 출발로

16

17

18 꼴찌와 자리바꾸기

19

20 뒤로 가세요

21

도착

남의 떡이 커 보인다

"남의 떡이 더 커 보인다."는 말은 실제로 내 떡이 더 크더라도 남의 떡이 더 크게 보인다는 것입니다. 만약 내가 무거운 상자를 들고 있을 때 같은 상자를 들고 있는 다른 사람을 본다면 그 사람이 든 상자가 더 가볍게 보인다는 것입니다.

영국의 한 박사가 이를 실험을 통해 증명했습니다. 실험 대상에게 무게가 다른 상자를 각각 들게 하고 옆 사람의 상자의 무게를 예상해 보라고 했습니다. 실험결과 두 사람 모두 옆사람의 상자가 더 무거울 것이라고 생각했습니다.

보통 사람들은 다른 사람이 어떤 행동을 하는 것을 관찰할 때, 그 사람도 뇌에서 같은 행동을 하고 있다고 상상하게 됩니다. 이때는 다른 사람의 행동을 객관적으로 평가할 수 있지만 같은 행동을 동시에 할 경우 운동신경이 자신의 행동을 지시하기 바빠 다른 사람의 행동을 객관적으로 판단할 수 없게 됩니다.

이러한 뇌의 현상은 다른 사람이 나보다 항상 일을 적게 하고 쉬운 일을 한다고 생각하게 할 수도 있다는 것입니다. 따라서 남의 떡이 더 커 보일 때는 내 떡을 내려놓고 다시 한 번 살펴보는 객관적인 판단을 하도록 노력해야겠습니다.

동물과 식물

· 동물과 식물에 따른 표현을 익힌다.
· 동물과 식물에 관련된 속담을 이해하고 사용할 수 있다.

 생각 꺼내기

◎ 좋아하는 동물이 있습니까? 그 이유는 무엇입니까?

◎ 자신은 어느 동물을 닮았다고 생각합니까?

- 부모님이 동물을 좋아하셔서 **개**와 **고양이**를 키운다.

- 뚜언은 **강아지**를 한 **마리** 키우고 있다.

- **개구리**가 울면 비가 온다.

- **호랑이**와 **사자**가 싸우면 누가 이길까?

- 왕안은 이가 **토끼**처럼 생겼다.

- **원숭이**는 바나나를 좋아한다.

- 태국 관광지에서는 사람들이 **코끼리**를 타 볼 수 있다.

- 민수는 **소나무** 한 **그루**를 심었다.

- 봄이 되면 길가에 **개나리**가 많이 핀다.

- 나오코는 **낙엽** 밟는 소리를 좋아한다.

- 저기요, 이 장미꽃 한 **송이**에 얼마예요?

네 발 동물	개　고양이　돼지　소　말　새끼　강아지　송아지　망아지
	토끼　여우　원숭이　코끼리　호랑이　사자　개구리
두 발 동물	닭　새
식물	소나무　개나리　줄기　뿌리　낙엽
단위	마리　그루　송이　잎

- 겨울에 송아지가 **태어났다**.
- 우리집 개가 새끼를 다섯 마리나 **낳았다**.
- 닭 **우는** 소리를 듣고 일어났다.
- 마당에 **심은** 봉숭아가 예쁘게 **피었다**.
- 내가 심은 콩이 일주일 만에 싹이 **났다**.
- 무궁화는 아침에 피고 저녁에 **진다**.
- 꽃이 지면 곧 열매가 **열릴** 거예요.
- 이 사과는 과수원에서 내가 직접 **딴** 거야.

새끼	태어나다　낳다
닭, 소	울다
꽃	심다　피다　피우다　나다　지다
열매	열리다　따다

- 독수리가 **날개**를 펴고 **날아간다**.
- 갓 태어난 강아지가 마당에서 이리저리 **뛰어다닌다**.
- 강물 위에 **꽃잎**이 떨어져 아름답다.
- 가을이 되면 **낙엽**이 떨어진다.
- 산에서 **나뭇가지**를 꺾으면 안 된다.

날다	날아가다 날아오다 날개
뛰다	뛰어다니다
잎	꽃잎 나뭇잎
	낙엽 나뭇가지

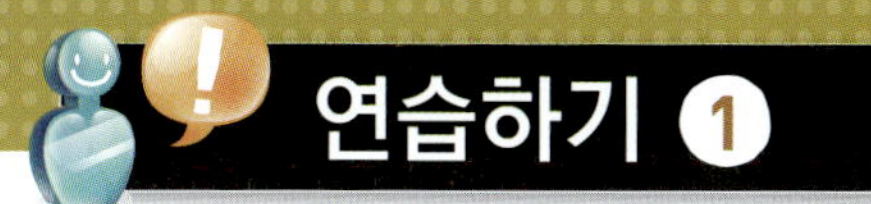

1 다음 제시한 단어와 관계있는 것끼리 묶으십시오.

> 꽃 장미 말 나비 뿌리 송아지 낙엽 그루
> 코끼리 나뭇잎 송이 토끼 개구리 마리 날개

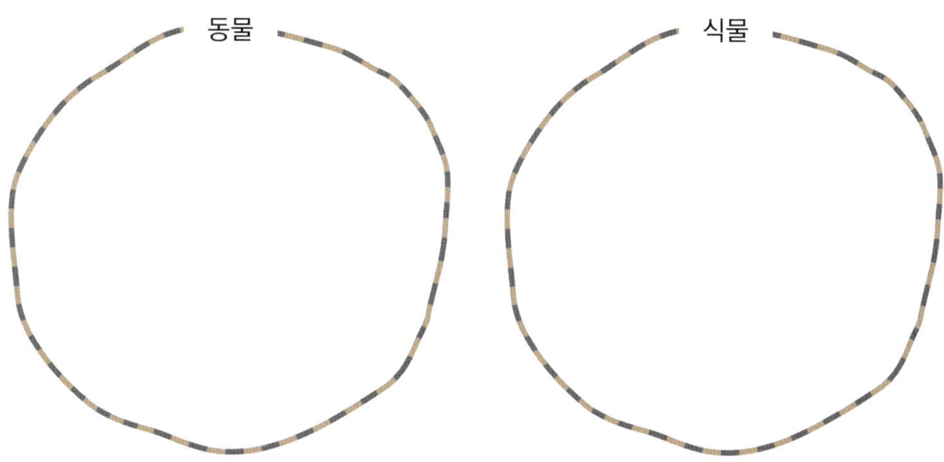

2 다음 중 서로 관계있는 것끼리 이으십시오.

(1) 강아지 •   • 열리다

(2) 장미 •   • 나다

(3) 사과 •   • 태어나다

(4) 나뭇잎 •   • 피다

1　다음 글을 읽고 빈칸에 알맞은 단어를 찾아 쓰십시오.

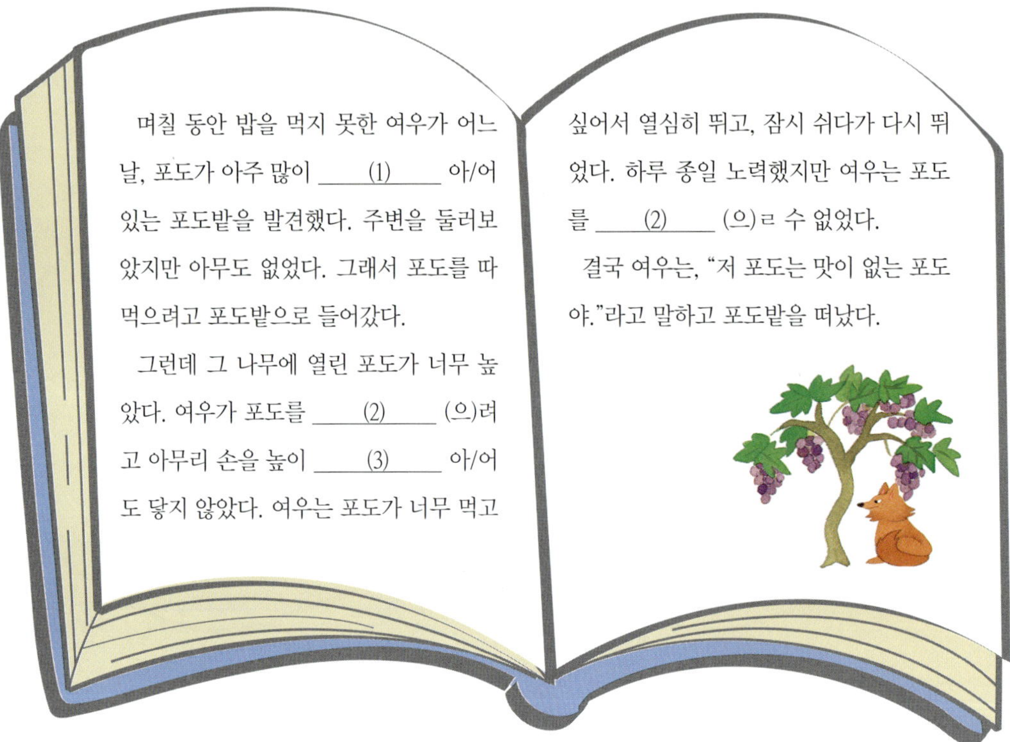

나다　　따다　　열리다　　심다　　뻗다

(1)

(2)

(3)

2 다음 그림을 보고 알맞은 속담을 찾아 쓰고 뜻을 이야기 하십시오.

> • 장님 코끼리 만지는 듯하다. • 원숭이도 나무에서 떨어진다.
>
> • 바늘구멍에 황소바람 들어온다. • 콩 심은 데 콩 나고 팥 심은 데 팥 난다.

(1)

(2)

(3)

(4)

■ 다음 글을 읽고 알맞은 속담을 쓰십시오.

- 장님 코끼리 만지는 듯하다.
- 바늘구멍에 황소바람 들어온다.
- 원숭이도 나무에서 떨어진다.
- 콩 심은 데 콩 나고 팥 심은 데 팥 난다.

1 마크는 캐나다 사람인데, 지난 여름 방학에 한국에 여행을 왔다. 그런데 마크가 왔을 때는 장마였다. 매일매일 비가 왔다. 그래서 마크가 여행하는 동안 아주 불편했다. 마크는 캐나다에 돌아가서 친구들에게 말했다.

"한국에는 항상 비가 오니까 꼭 우산을 가지고 다녀야 해!"

2 한송이 선생님은 모르는 것이 없다. 물론 한국 사람이니까 한국어를 잘 하지만, 우리가 모르는 것이 있으면 언제나 친절하게 설명을 해 주신다. 우리는 보통 전자사전을 가지고 다니지만, 사전을 봐도 이해할 수 없는 단어가 있다. 그 때 한송이 선생님 설명을 들으면 무슨 뜻인지 이해할 수 있다. 오늘도 친구들과 공부하다가 모르는 것이 생겼다. 그래서 우리는 선생님을 찾아갔다.

"한송이 선생님, 중간과 중심이 어떻게 다른지 모르겠어요."

"중간과 중심? 글쎄, 나도 그건 잘 모르겠는데……."

1 ______________________________________

2 ______________________________________

■ 다음 속담을 읽고 문장을 완성하십시오.

1 **원숭이도 나무에서 떨어진다.**

(1) → 개구리도 물속에 빠진다.

(2) →

(3) →

2 **콩 심은 데 콩 나고 팥 심은 데 팥 난다.**

(1) 쌀, 밥, 밀가루, 빵

→ 쌀 넣으면 밥 나오고 밀가루 넣으면 빵 나온다.

(2) 공부하다, A, 놀다, F

→

(3)

→

고양이 목에 방울 달기

쥐들이 모여서 회의를 했다.

"요즘 고양이가 온 집안을 돌아다니면서 우리를 보기만 하면 잡아먹으니 큰일이에요."

"맞아요. 매일 한두 마리씩 우리 가족이 고양이에게 잡아먹히고 있어요."

"어제는 제 동생이 죽었어요. 흑흑……."

고양이 이야기를 시작하자마자 모든 쥐들이 화가 나서 한 마디씩 했다. 이 때 나이 많은 쥐가 일어나서 말했다.

"좀 조용히 하세요! 우리가 어떻게 하면 고양이를 피할 수 있을 지 생각해 봅시다. 의견이 있는 쥐는 손을 들고 말해 주세요."

이 말을 들은 젊은 쥐가 손을 들고 일어났다.

"저에게 좋은 방법이 있습니다. 고양이 목에 방울을 다는 겁니다. 만약 방울을 달면 아무리 빠르고 무서운 고양이라도 뛸 때마다 방울 소리가 날 것이고, 우리는 그 방울 소리를 듣고 도망가면 되잖아요. 그러면 우리가 음식을 훔쳐먹다가 고양이에게 잡히는 일은 없을 거예요."

"좋아요, 좋아."

"그거 참 좋은 방법이네요."

"그게 좋겠어요."

이 말을 듣자마자 모든 쥐들이 손뼉을 치면서 좋아했다. 나이 많은 쥐가 주변을 조용히 시키면서 다시 말했다.

"젊은 쥐가 참 좋은 방법을 말해 줬어요. 그럼 우리 중에서 누가 고양이에게 가서 목에 방울을 달겠습니까?"

그러자 방금까지 환호하던 쥐들이 갑자기 조용해졌다. 한 시간 두 시간, 하루가 지나도록 고양이 목에 방울을 달겠다는 용감한 쥐는 없었다.

이와 같이 좋은 방법이지만 실천할 수 없는 어려운 일을 두고 '고양이 목에 방울 달기'라고 한다.

빛과 색

· 다양한 색깔 어휘를 익힌다.
· 주위의 사물 색깔을 표현할 수 있다.

 생각 꺼내기

◎ 여러 가지 색깔의 꽃 중에서 친구에게 어울리는 꽃을 찾아보십시오.
◎ 그 꽃의 의미를 알아봅시다.

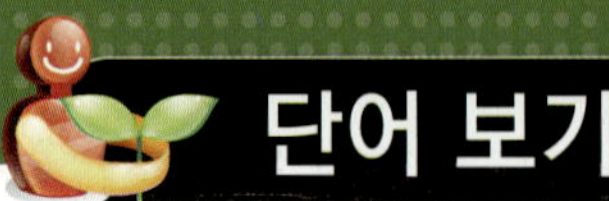

단어 보기

- 뚜언의 눈은 맑고 **검다**.
- 민수의 얼굴은 **흰**편이다.
- 저녁노을이 **붉게** 물들고 있다.
- 나오코는 술을 한 잔만 마셔도 얼굴이 **빨갛게** 된다.
- 한국 사람의 머리카락은 **까맣다**.
- 어제 핀 개나리가 참 **노랗다**.
- 비가 온 뒤의 하늘은 **파랗다**.
- 밤새 눈이 와서 세상이 **하얗다**.

색깔	까만색	하얀색	빨간색	파란색	노란색	초록색	녹색	갈색	회색
	까맣다	하얗다	빨갛다	파랗다	노랗다				
	검다	희다	붉다						

단어 잇기

- 밝은 색 옷을 입으면 기분도 밝아진다.
- 오늘은 비가 와서 교실이 어둡다.
- 오랜만에 푸른 바다를 보니 기분이 참 좋다.
- 후세인은 얼굴이 까매서 짙은 색 옷이 어울린다.
- 푸른 숲은 공기도 맑고 깨끗하다.

옷, 색, 방	밝다　어둡다　짙다　옅다
바다, 숲	푸르다

- 후세인의 방 창문을 통해 **달빛**이 들어온다.
- 밤이 되면 벌레들이 **불빛**으로 날아온다.
- 이 방은 **햇빛**도 잘 들어오고 아주 조용하다.
- 오늘은 **햇볕**이 참 따뜻하다.
- 창문으로 따뜻한 봄 **햇살**이 들어왔다.
- 우리는 손전등을 **밝히고** 산을 올라갔다.
- 누가 왔는지 사람 **그림자**가 보인다.

빛	달빛	불빛	
해	햇빛	햇볕	햇살
밝다	밝히다		

1 다음을 보고 생각나는 단어를 써 봅시다.

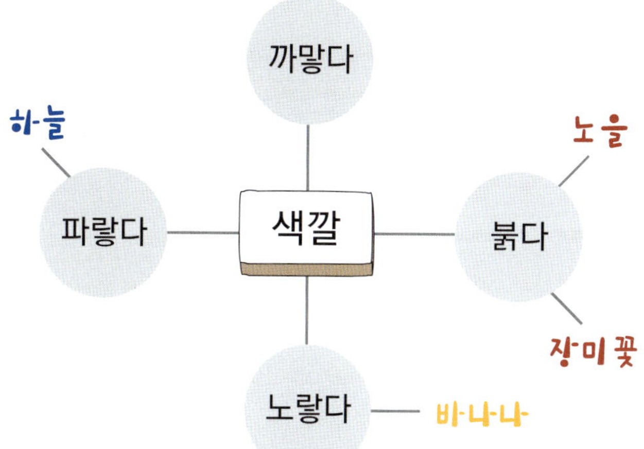

2 다음을 읽고 알맞은 단어를 찾아 쓰십시오.

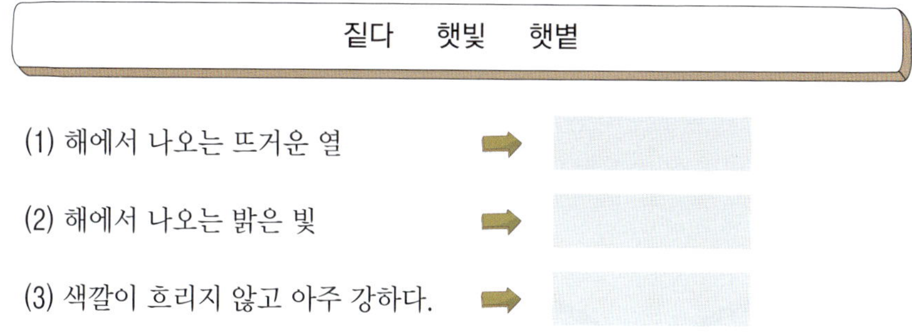

(1) 해에서 나오는 뜨거운 열 ➡

(2) 해에서 나오는 밝은 빛 ➡

(3) 색깔이 흐리지 않고 아주 강하다. ➡

3 다음 빈칸에 알맞은 단어를 쓰십시오.

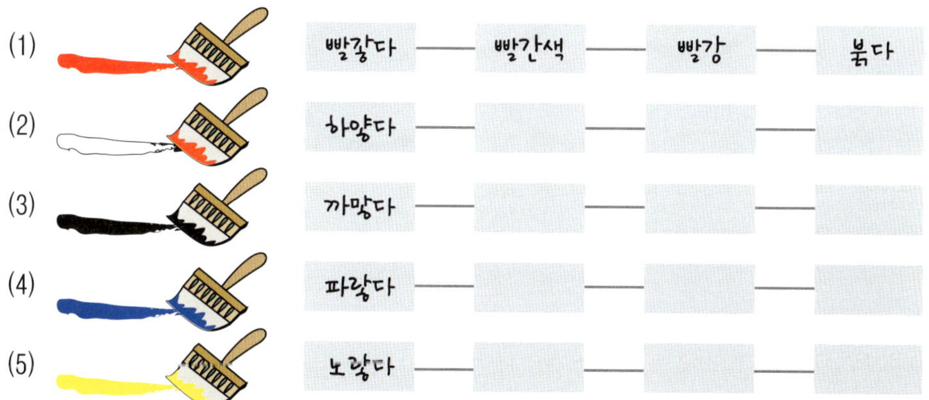

1 다음을 읽고 공통으로 들어갈 단어를 쓰십시오.

> 파랗다 하얗다 까맣다 푸르다

(1) 한국 사람의 눈동자는 _______________.

그 일은 _______________게 옛날 일이야.

(2) 비가 온 뒤의 하늘은 아주 _______________.

날씨가 너무 추워서 입술이 _______________게 됐다.

(3) 밤새 눈이 와서 온 세상이 _______________아/어/여요.

너무 놀라서 얼굴이 _______________게 변했다.

(4) _______________숲에서 깨끗한 공기를 들이마셨다.

제주도의 _______________바다는 아주 아름답다.

_______________하늘이 아름답고 바람도 시원했다.

2 우리 주변에는 색깔로 의미를 표현하는 것들이 많이 있습니다. 아래 그림의 색깔은 어떤 의미를 가지고 있을까요? 함께 알아봅시다.

■ 친구를 보고 생각나는 색깔을 이야기해봅시다. 그 색깔의 의미도 알아봅시다.

친구 이름	어울리는 색깔	색의 의미
나오코	노랑	귀엽다

옷이 날개

　오늘 친구 미라의 결혼식이 있었다. 그런데 나는 오늘 예식장에서 미라를 보고 깜짝 놀랐다. 웨딩드레스를 입은 미라의 모습은 내가 아는 친구 미라가 아니었기 때문이다. 평소에는 화장도 잘 하지 않고, 청바지에 티셔츠 차림으로 다녀서 이렇게 예뻤는지 잘 몰랐다. 오늘 예쁘게 신부화장을 하고 공주 같은 흰 웨딩드레스를 입고 있는 미라는 천사처럼 보였다. 옷이 날개라더니 미라를 두고 하는 말인가 보다.

10 수와 양

- · 수와 양의 많고 적음을 표현할 수 있다.
- · 계산식을 말로 표현할 수 있다.

🔦 생각 꺼내기

◎ 여러분 나라에서 좋아하는 숫자와 싫어하는 숫자는 무엇입니까?
그 이유는 무엇입니까?

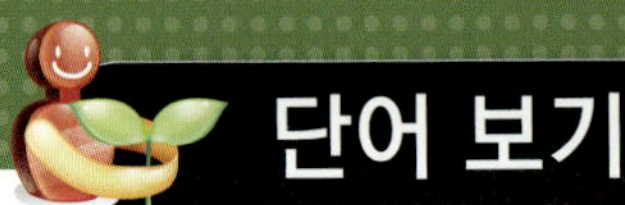

- 후세인은 **스물 여섯** 살입니다.

- 모르는 단어는 **다섯** 번 씩 쓰세요.

- 한 달 생활비가 **최소한 이백만** 원 정도 듭니다.

- 이 음식점에는 **최대 백** 명의 손님이 앉을 수 있다.

- 시험을 보려면 이 책 **전체**를 다 읽어야 한다.

- 감을 한 상자 샀는데 **대부분**이 썩었다.

- 이 영화는 마지막 **부분**이 가장 재미있어요.

- 축구 경기가 있으면 **온** 국민이 한 마음으로 응원한다.

- 나오코는 **약** 두 시간 동안 친구를 기다렸다.

- 어떤 일을 시작할 때에는 **첫** 단추를 잘 끼어야 한다.

- 선생님이 오늘 보강을 한다고 했는데, **단** 두 명밖에 오지 않았다.

- 오늘 하루만, 이 신발을 **단** 돈 **만** 원에 드려요.

- 실례지만, 지금 **몇** 시예요?

- 오늘 학생들 **몇** 명이 결석했다.

수	하나 둘 셋 넷 다섯 여섯 일곱 여덟 아홉 열
	스물 서른 마흔 쉰 예순 일흔 여든 아흔 백 만 억
양	최대한 최소한 전체 대부분 부분
	약 첫 단 몇 온

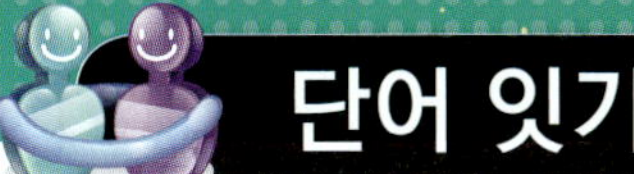

- 삼에 오를 **더하면** 팔이다.
- 십에서 사를 **빼면** 육이다.
- 이에 팔을 **곱하면** 십육이다.
- 아주머니, 여기 밥값이 얼만지 **계산**해 주세요.
- **계산**해 보니까 우리가 이번 여행에서 사십만 원을 썼다.
- 이곳은 골목이 너무 **좁아서** 버스가 다니지 않는다.
- 이 물고기는 **깊은** 물속에 사는 종류이다.
- 위험하니까 **얕은** 곳에서만 놀아야 한다.
- 이 옷은 허리가 **굵어** 보여서 마음에 안 들어요.
- 뚜언이 눈을 **가늘게** 뜨고 나를 쳐다보았다.
- 사전은 너무 **두꺼워서** 가지고 다니기가 불편하다.
- 어젯밤에 **얇은** 이불을 덮고 자서 감기에 걸렸다.

수, 돈	더하다	빼다	곱하다	나누다	계산하다
길, 이마	넓다	좁다			
바다, 생각	깊다	얕다			
허리	굵다	가늘다			
사전, 이불	두껍다	얇다			

- 수업 시간에 조는 학생이 **한둘**이 아니다.

- 사람을 **한두** 번 만나보고 어떻게 알아요?

- 나오코는 맥주 **두세** 잔만 마시면 얼굴이 빨개진다.

- 혼자가 어려우면 **서너** 명이 함께 공부하는 것도 좋겠다.

- **몇 십** 년 전에 이 마을은 조용한 시골이었다.

- 지갑에 **몇 천** 원만 있어도 택시를 타고 갈 수 있는데…….

- 경기장에는 **몇 만** 명의 관중이 앉아 있었다.

- 아직 방학이 되지도 않았는데 **몇몇** 학생은 고향으로 돌아갔다.

- 우리 동아리는 음악을 좋아하는 사람 **몇몇**이 모여서 만들었다.

한	한둘 한두
	두세 서너
몇	몇십 몇백 몇천 몇만 몇몇

1 다음 숫자를 읽고 아래와 같이 관계를 표시하십시오.

> 마흔 둘 < 일흔 하나   열 다섯 > 열 셋

(1) 서른 일곱 (   ) 마흔 일곱

(2) 열 여덟　 (   ) 쉰 하나

(3) 쉰 아홉　 (   ) 예순 아홉

(4) 서른 넷　 (   ) 스물 둘

(5) 여든 하나 (   ) 일흔 여섯

2 다음 중 서로 반대되는 단어를 찾아 쓰십시오.

더하다	가늘다	얕다	빼다	굵다	넓다
전체	짧다	나누다	최대한	깊다	얇다
최소한	두껍다	좁다	길다	부분	곱하다

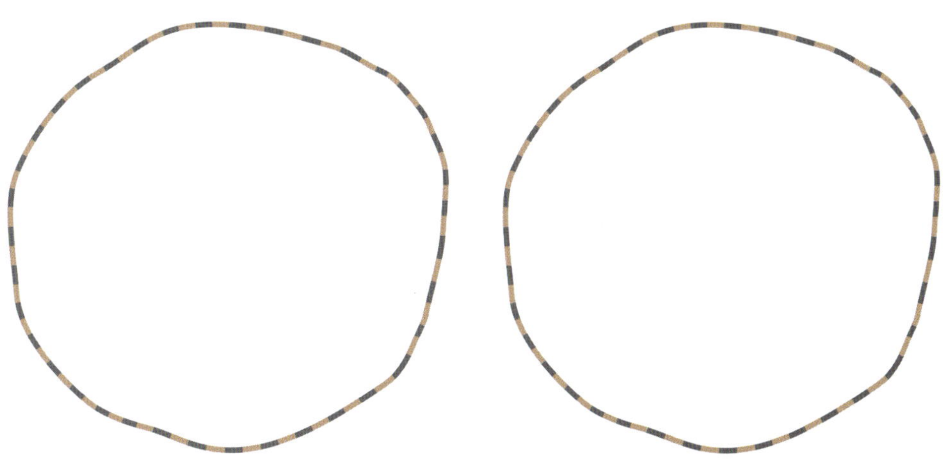

3 다음 문장을 읽고 [   ] 안의 단어를 찾아 간단한 말로 바꾸십시오.

> 한두   두세   서너   삼사 만   사오 만   아홉   열   대부분   전체

(1) 나는 술이 약해서 맥주 [한 잔, 또는 두 잔]만 마시면 취한다.

[한 잔, 또는 두 잔] ➡ [잔]

(2) 지금 이 가게에 있는 손님이 [아홉 명, 또는 열 명, 또는 열한 명] 정도 된다.

[아홉 명, 또는 열 명 또는 열한 명] ➡ [약   명]

(3) 나는 오늘 수업 시간 [50분 중 45분 동안] 잠을 잤다.

[50분 중 45분] ➡ [   ]

(4) 혹시 지금 돈 있으면 [사만 원, 또는 오만원]만 빌려 주세요.

[사만 원, 또는 오만원] ➡ [원]

(5) 나는 피자를 좋아해서 [세 조각, 또는 네 조각]은 먹을 수 있어요.

[세 조각, 또는 네 조각] ➡ [조각]

4 다음 계산식을 아래와 같이 문장으로 쓰십시오.

> 4 + 3 = 7 ➡ [사에 삼을 더하면 칠입니다.]

(1) 15 + 27 = 42

➡ [   ]

(2) 20 × 70 = 1400

➡ [   ]

(3) 56 − 36 = 20

➡ [   ]

(4) 100 ÷ 25 = 4

➡ [   ]

- 다음 숫자표의 "?"에 들어갈 숫자는 무엇입니까?

3	1	5	4	29
4	1	3	4	37
6	2	2	3	45
7	3	2	2	?

설명

각 행의 첫 번째 숫자에서 두 번째 숫자를 빼면 다섯 번째 숫자의 10자리수가 되고, 세 번째 숫자와 네 번째 숫자를 더하면 다섯 번째 숫자의 1자리가 됩니다.
7-3=4, 2+2=4, 그러므로 "?"=44

1 다음 중 나머지와 성격이 <u>다른 것</u>을 고르십시오. (   )

① 묶다-매다   ② 잡다-놓다   ③ 감다-풀다   ④ 지다-피다

2 다음 중 바르게 만들어진 것이 <u>아닌</u> 것을 고르십시오. (   )

① 손 – 손목, 손가락, 손님

② 발 – 발가락, 발등, 발바닥

③ 눈 – 눈물, 눈빛, 눈병

④ 발 – 오른발, 왼발, 발톱

[3~4] 다음 (   )안에 알맞은 것을 고르십시오.

3 (   ) 책상 위에 있던 사전 못 봤니? 아무리 찾아봐도 없어.

① 곧   ② 아까   ③ 벌써   ④ 아직

4 학교 (   )에는 유명한 식당과 가게들이 많이 있다.

① 장소   ② 자리   ③ 의사   ④ 위치

[5~8] 다음(   )안에 공통으로 들어갈 말을 고르십시오.

5
여름에는 해가 늦게 (   ).
아침에 일찍 눈을 (   ).
바다 위에 배가 (   )아/어/여 있다.

① 지다   ② 나다   ③ 뜨다   ④ 솟다

6
(   ) 기다리세요.
죄송합니다.(   ) 비켜주세요.
어머니께서 (   ) 나가셨는데, 곧 돌아오실 거예요.

① 순간   ② 동시   ③ 아까   ④ 잠깐

7
여행을 왔으니까 (   ) 해보지 못한 일을 합시다.
(   )에 한국음식을 즐겨 먹어요.
후세인은 (   ) 옷차림에 신경을 썼다.

① 평생   ② 평소   ③ 평일   ④ 휴일

8
장마(   )에는 비가 많이 와서 홍수가 나기도 합니다.
날씨가 따뜻한 봄(   )에는 꽃구경을 많이 갑니다.
입시(   )이/가 되자 학생들은 가고 싶은 대학을 선택합니다.

① 철   ② 시   ③ 날   ④ 때

[9~11] 다음 밑줄 친 말과 바꾸어 쓸 수 있는 것을 고르십시오.

9

후세인은 학교 근처에서 하숙을 한다.
우리학교 근처에 백화점이 생겼다.
민수는 합격 전화를 기다리느라 전화 근처를 떠나지 못했다.

① 곁　　　　② 사이　　　　③ 주변　　　　④ 너머

10

가방 위에 편지를 얹었다.
밥 위에 김치를 얹었다.
머리에 손을 얹고 벌을 받고 있다.

① 올리다　　　　② 내려놓다　　　　③ 올려놓다　　　　④ 향하다

11

가 : 철수 씨에게 이 일을 맡겨도 될까요?
나 : 그 사람은 거짓말을 밥 먹듯이 하는 사람이라 믿을 수 없어요.

① 겨우　　　　② 마치　　　　③ 가끔　　　　④ 자주

12 다음 대화의 밑줄 친 단어와 뜻이 같은 것을 고르십시오.

가 : 어? 이게 무슨 냄새야? 너한테서 좋은 냄새가 나는데 향수 뿌렸어?
나 : 응, 오늘 남자친구와 약속이 있거든.

① 해가 나서 빨래를 널었다.

② 모든 면에서 민수는 난 사람이다.

③ 내가 심은 콩이 일주일 만에 싹이 났다.

④ 새는 겨울을 나기 위해서 남쪽으로 떠난다.

[13~14] 다음 밑줄 친 부분 중에서 맞는 것을 고르십시오.

13 ① 이 사과는 내가 <u>피운</u> 거야.

② 꽃이 지면 곧 열매가 <u>열릴 거예요</u>.

③ 우리 집에 개가 새끼를 다섯 마리나 <u>나았다</u>.

④ 옛날 사람들은 소중한 물건을 땅에 <u>심어</u> 두었다.

14 ① 골목이 너무 <u>얇아서</u> 버스가 들어갈 수 없다.

② 뚜언이 눈을 <u>가늘게</u> 뜨고 나를 쳐다보았다.

③ 사전은 너무 <u>얇아서</u> 들고 다니기 힘들어요.

④ 이 옷은 허리가 <u>좁아</u> 보여서 마음에 안 들어요.

[15~16] 다음 밑줄 친 부분 중에서 <u>틀린</u> 것을 고르십시오.

15 ① 후세인은 <u>스물 세</u> 살이에요.

② 오늘 수업 시간에 <u>단 두 명이나</u> 왔어요.

③ 나오코는 <u>두 시간쯤</u> 민수를 기다렸어요.

④ 이 식당에는 <u>최대한 20명</u> 정도 앉을 수 있어요.

16 ① 어제 새 차를 <u>한 대</u> 샀다.

② 민수는 소나무 <u>한 개</u>를 심었다.

③ 이 장미 꽃 <u>한 송이</u>에 얼마예요?

④ 뚜언은 소를 <u>여섯 마리</u> 키우고 있다.

17 다음 그림에 맞는 동사를 쓰십시오.

(1)

____

(2)

____

(3)

____

(4)

____

18 다음 대화를 읽고 밑줄 친 말의 뜻을 알아봅시다.

민　수 : 들었어요? 어제 옆 기숙사에 도둑이 들었다고 해요.

나오코 : 정말이에요? 도둑은 잡혔어요?

민　수 : 네, 그런데 그 도둑이 같이 방을 쓰는 친구라고 해요.

나오코 : <u>믿는 도끼에 발등 찍힌다더니</u> 어떻게 그런 일이 있을 수 있어요?

____

19 다음 글을 읽고 (   )안에 공통으로 들어갈 단어를 고르십시오.

> 친구들과 바다로 여행을 갔다. 친구들과 처음 가는 여행이라서 가슴이 설레였다. 오
> 랜만에 (   ) 바다를 보니 기분이 참 좋았다. (   ) 하늘이 아름답고 바람이 시원
> 했다. 시원한 바람을 맞으면서 친구들과 사진도 찍고 맛있는 음식을 먹으면서 즐거운
> 시간을 보냈다. (   ) 숲에서 깨끗한 공기를 마신 것처럼 머리가 맑아졌다.

① 파란   ② 푸른   ③ 밝은   ④ 어두운

20 다음 글을 읽고 한국 계절의 특징에 대해 쓰십시오.

> 한국의 봄은 3,4,5월 인데 따뜻하고 꽃이 많이 피어서 사람들이 꽃구경을 많이 갑
> 니다. 6,7,8월인 여름은 아주 덥고, 비가 많이 옵니다. 7월은 비가 많이 오는 장마
> 철입니다. 한국 사람들은 여름에 더워서 산과 바다로 휴가를 갑니다. 9,10,11월인
> 가을은 시원하고 날씨가 아주 좋습니다. 가을에는 산에 단풍이 들어서 아주 아름
> 답습니다. 그래서 사람들은 단풍 구경을 많이 갑니다. 12,1,2월인 겨울에는 눈이
> 오고 춥습니다. 눈이 오면 눈사람을 만들고 눈싸움도 합니다.

▶ 봄:

▶ 여름:

▶ 가을:

▶ 겨울:

사회

학교생활

학습목표
· 학교생활에서 주로 사용하는 어휘와 표현을 익힌다.
· 자신의 동아리 활동을 소개할 수 있다.

 생각 꺼내기

◎ 학교생활을 하면서 어렵거나 당황했었던 경험이 있습니까?

◎ 여러분의 학교생활을 이야기 해봅시다.

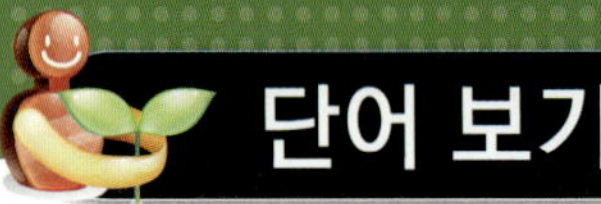

- 민수는 같은 학교에서 공부했던 **동창**이다.
- 민수는 후세인이 **선배**인줄 알고 높임말을 썼는데, 알고 보니 **동기**였다.
- 후세인은 민수가 **후배**인줄 알고 있었다.
- 후세인은 내년에 **석사**과정이 끝난다.
- 김 선생님은 올해 처음 **담임**을 맡았다.
- 민수는 한국어를 가르치는 **대학교수**가 되려고 한다.
- 김 교수님은 올해 ○○대학교 **총장**이 되었다.
- 학생들은 이번 학기에 기초적인 내용을 **학습**한다.
- 고급 수업은 **과제**가 많아서 힘들다.
- 나오코는 항상 그날 배운 내용을 **복습**한다.
- 나오코는 열심히 노력하는데 **성적**이 나쁘다.
- 선생님께서 **점수**를 매긴 시험지를 들고 오셨다.

- 학교 신문사에 들어가려면 작문 **테스트**를 받아야 한다.
- 후세인은 한국어를 **전공**해서 한국어로 논문을 쓰려고 한다.
- 원하는 대학에 **합격**하려면 열심히 공부해야 한다.
- 학교 **방송국**은 학생들이 운영한다.
- 나오코는 학교 **신문사** 기자가 되었다.
- 왕안은 내학 **등록금**을 모으기 위해 방학 동안 아르바이트를 했다.
- 뚜언은 이번 학기에 성적이 좋아서 **장학금**을 받았다.
- 오늘까지 한국 문화에 관련된 **보고서**를 제출해야 한다.

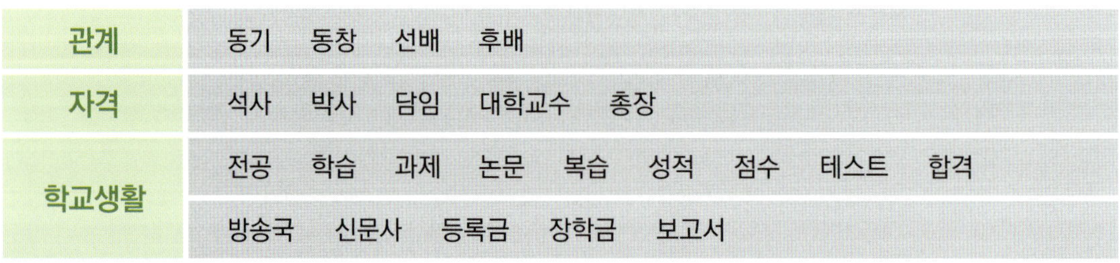

관계	동기　동창　선배　후배							
자격	석사　박사　담임　대학교수　총장							
학교생활	전공	학습	과제	논문	복습	성적	점수	테스트	합격
	방송국	신문사	등록금	장학금	보고서			

단어 잇기

- 아무리 힘들어도 절대로 공부를 **포기하지** 않겠다.
- 수미는 대학 공부를 **그만두었다**.
- 친구로 지내다가 점점 연인으로 **발전하게** 되었다.
- 뚜언은 이번 학기에 18학점을 **신청했다**.
- 중급 한국어 반에 **등록하려고** 사무실을 찾아갔다.
- 대학교는 듣고 싶은 과목을 **선택할 수 있다**.
- 왕안은 한국어를 전공하기로 마음을 **정했다**.
- 한국어를 잘 모를 때는 강의를 **녹음해서** 다시 들었다.
- 선생님은 어려운 문법을 **반복해서** 설명해 주셨다.
- 민수는 이번 주까지 보고서를 **제출해야** 한다.
- 나오코는 모르는 단어를 사전에서 **찾아** 보았다.
- 다음 주에 시험결과를 **발표할** 것이다.
- 이 서류는 한 장 밖에 없으니까 **복사해** 두어야 한다.
- 민수는 시험결과를 **확인하려고** 사무실에 전화를 했다.
- 왕안은 도서관에서 컴퓨터를 **이용한다**.
- 뚜언은 한국어 말하기 대회에 **참가하려고** 한다.
- 후세인은 동기들과 잘 **어울린다**.

공부, 일, 사업	포기하다	그만두다	발전하다			
강의	신청하다	등록하다	선택하다	정하다	녹음하다	반복하다
과제	제출하다	찾아보다	발표하다	복사하다	확인하다	
도서관	이용하다					
대회	참가하다					
친구	어울리다					

단어 늘리기

- 이 학생들은 올해 우리학교에 입학한 **신입생**이다.
- 학교에 있는 여자 휴게실은 **여대생**들만 들어갈 수 있다.
- 왕안은 중국에서 온 **유학생**이다.
- 민수는 대학을 **졸업**한 후에 취직을 하려고 한다.
- 도서관에서 책을 빌리려면 **학생증**이 있어야 한다.
- 나오코는 **학부**를 졸업한 후에 **대학원**에서 계속 공부하려고 한다.
- **국립대학교**가 **사립대학교**보다 등록금이 싸다.

–생	신입생 재학생 휴학생 여대생 유학생 졸업생
학생	학생증
대학	학부 대학원 국립대학교 사립대학교

1   다음 중 의미가 비슷한 단어끼리 이으십시오.

(1) 그만두다 •   • 되풀이하다

(2) 반복하다 •   • 새내기

(3) 선택하다 •   • 관두다

(4) 신입생 •   • 고르다

2   다음 단어 중에서 아래의 설명에 맞는 단어를 골라 써보십시오.

> 국립   동창   여대생   담임   전공   복습   보고서   총장

(1) ___________ : 학급이나 학년을 책임지고 관리하는 교사

(2) ___________ : 여자 대학생

(3) ___________ : 같은 학교에서 공부한 사이

(4) ___________ : 대학교를 책임지는 대표자

(5) ___________ : 배운 것을 다시 한 번 더 공부함

(6) ___________ : 어떤 내용에 대해 보고하는 내용을 적은 문서

(7) ___________ : 나라에서 세운 학교나 기관

(8) ___________ : 대학교에서 어느 한 분야를 선택하여 연구함

1   ▨▨▨▨ 안에 들어갈 단어를 찾아 쓰십시오.

받다   하다   주다   타다   내다   쓰다   제출하다   따다   매기다

(1) 테스트를 ▨▨▨   ▨▨▨

(2) 과제를 ▨▨▨   ▨▨▨

(3) 점수를 ▨▨▨   ▨▨▨   ▨▨▨

(4) 보고서를 ▨▨▨   ▨▨▨   ▨▨▨

(5) 장학금을 ▨▨▨   ▨▨▨   ▨▨▨

2   다음 문장 중에서 다른 의미를 가진 문장을 고르십시오.

(1) 어울리다

☐ 마이클은 동창들과 잘 어울린다.

☐ 나에게는 모자가 잘 어울린다.

☐ 민수 집은 3대가 어울려 사는 대가족이다.

☐ 내 여동생은 남자아이들과 잘 어울려 다닌다.

(2) 찾아보다

☐ 민수는 시골에 계시는 친척을 찾아보고 왔습니다.

☐ 이 단어의 의미를 알고 싶으면 사전을 찾아보세요.

☐ 저는 회사를 그만두고 다른 일을 찾아보려고 합니다.

☐ 한국을 잘 알려면 한국문화에 관련된 책을 찾아봐야 합니다.

(3) 박사

☐ 민수는 연애박사입니다.

☐ 우리 형을 컴퓨터 박사라고 부릅니다.

☐ 후세인은 올해 문학박사가 되었습니다.

- 여러분 학교에는 어떤 동아리가 있습니까? 동아리의 종류를 조사해 보십시오.

동아리 이름	가입 조건	활동 내용

■ 여러분이 만들고 싶은 동아리가 있습니까? 동아리를 만들어서 친구들에게 알려봅시다.

알 림

● 동아리 이름 :

● 일시 :   년   월   일   요일

● 장소 :

● 준비물 :

● 전화 문의 :

12 금융기관과 우편물

- 금융기관에서 필요한 어휘와 표현을 익힌다.
- 우편물에 관련된 어휘와 표현을 익힌다.
- 무통장 입금표를 작성할 수 있다.

💡 생각 꺼내기

◎ 은행에서 돈을 찾아 본 적이 있습니까? 은행에서 어떻게 돈을 찾습니까?

◎ 소포를 보내거나 받은 경험을 이야기 해봅시다.

- 한국 돈 만 **원**은 중국 돈으로 얼마예요?
- 2**달러**를 지갑에 넣어 두면 행운이 온다고 한다.
- 이 가방은 내가 일본에서 3천 **엔**을 주고 샀다.
- 요즘 중국의 버스비는 2**위엔**이다.
- 뚜언은 방학 때 배낭여행을 가려고 **저축**을 하고 있다.
- 은행에 **예금**한 돈은 모두 오백만 원이다.
- 뚜언은 도장과 **통장**을 가지고 은행에 갔다.
- 지갑에 **현금**을 많이 넣어 두지 마세요.
- **수표**를 사용하려면 신분증이 있어야 한다.
- 요즘 사람들은 **편지**보다 메일을 더 많이 사용한다.
- 후세인은 여행을 가면 꼭 **엽서**를 산다.
- 부모님이 옷과 책을 **소포**로 보내 주셨다.
- 편지 봉투에 **우표**를 붙이고 우체통에 넣었다.
- 저는 경험을 많이 쌓아서 나중에 내 **사업**을 하고 싶다.
- 인터넷 뱅킹을 하려면 신청**서류**를 써야 한다.
- **근무 시간**은 오전 10시부터 오후 5시까지입니다.
- **업무**가 너무 많아서 일찍 퇴근을 할 수 없다.
- 업무가 많으면 **직원**을 몇 명 더 구해야 한다.
- 손님, **카운터**에 가서 계산하세요.
- **월급**은 매달 말일에 통장으로 입금된다.
- 이 음식점은 항상 **서비스**가 좋아서 자주 온다.
- 지금 사장님 **심부름**으로 은행에 가는 길이다.

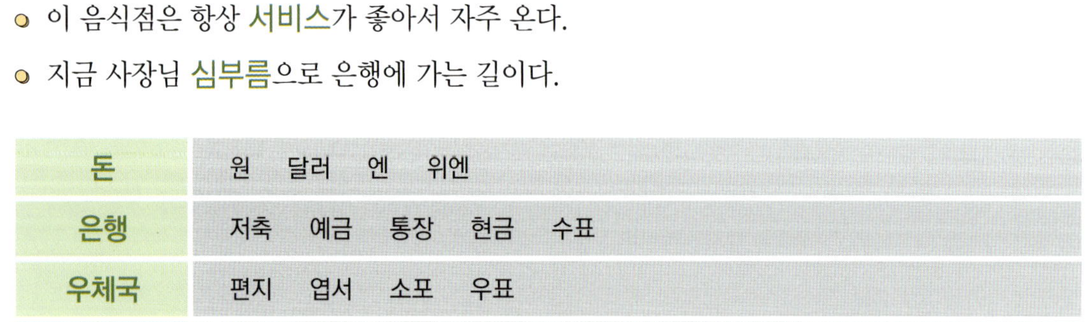

돈	원 달러 엔 위엔
은행	저축 예금 통장 현금 수표
우체국	편지 엽서 소포 우표
일	사업 서류 근무 업무 점원 직원 카운터 월급 서비스 심부름

단어 잇기

- 나오코는 요즘 버는 돈보다 쓰는 돈이 더 많다.
- 왕안은 일 년 동안 절약해서 모은 돈으로 컴퓨터를 새로 샀다.
- 현금은 집에 두는 것보다 은행에 맡기는 것이 안전하다.
- 장보러 가기 전에 은행에 가서 돈을 찾아야겠다.
- 여기서 수표를 현금으로 바꿀 수 있어요?
- 매달 부모님께서 생활비를 보내 주신다.
- 큰돈은 직접 가져오지 말고 은행으로 부쳐 주세요.

돈, 수표	벌다	쓰다	절약하다	맡기다	찾다	바꾸다
편지	보내다	부치다				

단어 늘리기

- 왕안은 일을 하면서 다양한 한국생활을 **경험했다.**
- 요즘 우리 회사에서 직원을 **구하고** 있다.
- 이 레스토랑에서 직원으로 **근무하고** 싶다.
- 이번 공연에서 무대설치를 **담당하고** 있다.
- 퇴근하기 전에 책상을 깨끗하게 **정리해야** 한다.
- 혹시 이 근처에 담배를 **판매하는** 곳이 있어요?
- 부모님이 **고생해서** 번 돈을 그냥 쓰는 것이 미안하다.
- 오늘 일이 끝나면 같이 **한잔하는** 게 어때요?
- 그는 **가난해서** 학비와 생활비를 혼자 벌어야 한다.
- 내가 사는 방은 좁고 창문이 작아서 **답답하다.**
- 하루 종일 서 있어서 너무 **피곤하다.**
- 이렇게 많은 돈을 지갑에 넣어 다니면 **불안하지** 않아요?
- 뚜언은 성격이 **급해서** 항상 약속시간보다 일찍 와서 기다린다.
- 기말고사가 다 끝나니까 마음이 **편안하다.**
- 이렇게 늦은 시간에 혼자 다니는 것은 **위험하다.**
- 한 달이 지나니까 모든 일이 **익숙해졌다.**

-하다 동사	경험하다	구하다	근무하다	담당하다	정리하다
	판매하다	고생하다	한잔하다		
-하다 형용사	가난하다	답답하다	피곤하다	불안하다	급하다	편안하다
	위험하다	익숙하다			

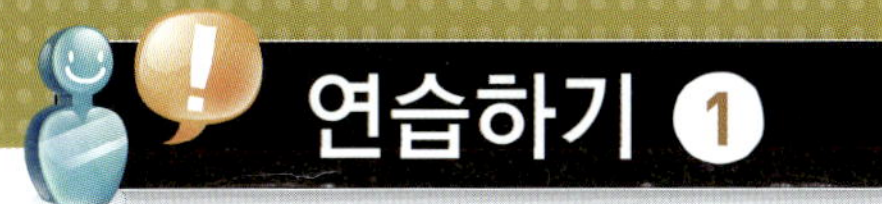

1 다음을 보고 생각나는 단어를 써 봅시다.

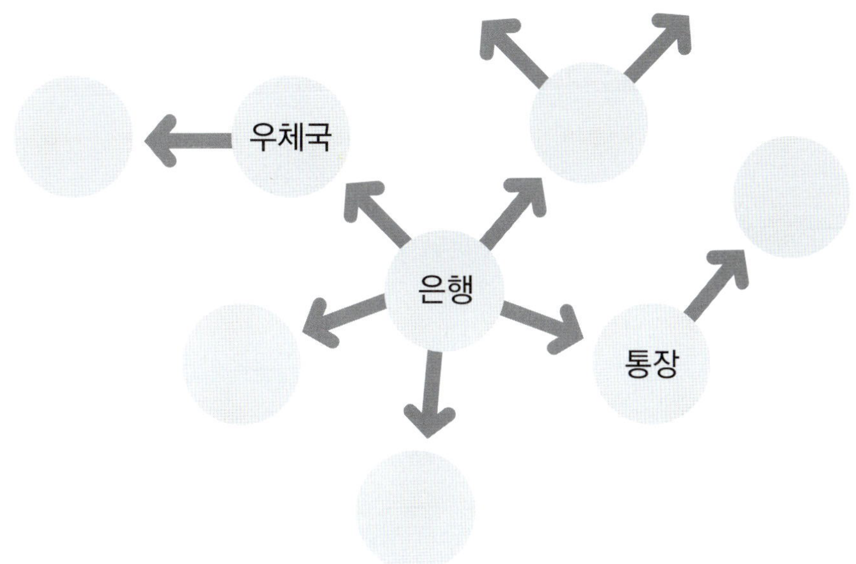

2 다음 제시한 단어와 관계있는 것끼리 묶으십시오.

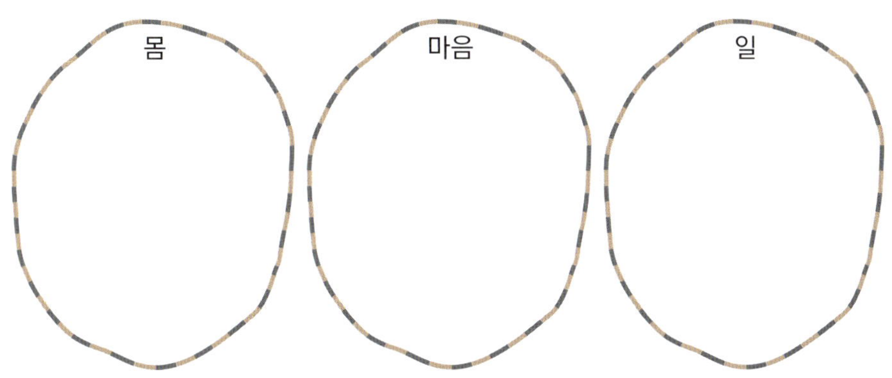

1 다음은 후세인이 돈을 주고받는 곳입니다. 표를 보고 알맞은 표현을 찾아 쓰십시오.

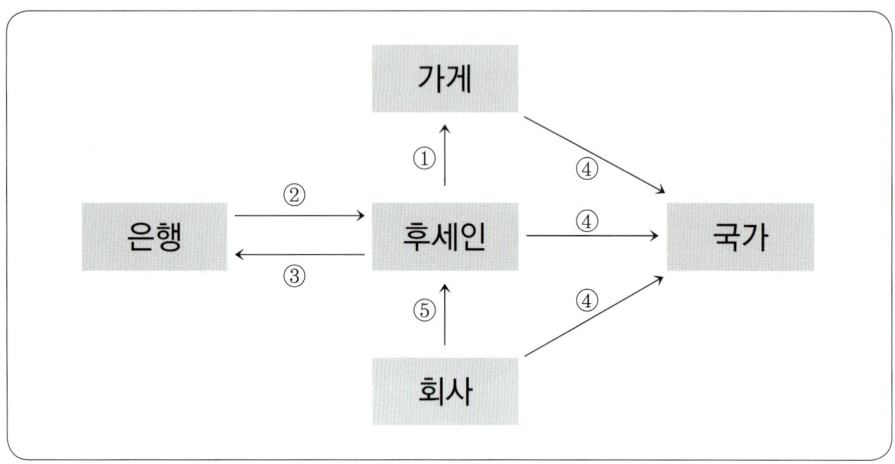

돈을 맡기다　　계산하다　　월급을 받다　　세금을 내다　　돈을 찾다

① :　　　　　　　　　　　② :

③ :　　　　　　　　　　　④ :

⑤ :

2 다음을 읽고 빈칸에 알맞은 단어를 쓰십시오.

피곤하다　붙이다　맡기다　부치다　불안하다　바꾸다　익숙하다　편안하다　낯설다

(1) 부모님은 매달 나에게 학비와 용돈을＿＿＿＿＿＿＿아/어 주신다.

(2) 은행에서 한국 돈을 일본 돈으로＿＿＿＿＿＿＿(으)ㄹ 수 있어요?

(3) 밀린 과제를 다 끝내고 나니 마음이＿＿＿＿＿＿＿.

(4) 길을 가는데 어떤＿＿＿＿＿＿＿ㄴ/는 사람이 나에게 아는 척을 해서 당황했다.

(5) 요즘 저녁마다 아르바이트를 하느라고 몸이＿＿＿＿＿＿＿.

(6) 이 일은 일주일 정도 해 보면 곧＿＿＿＿＿＿＿아/어 질 거예요.

3 다음은 아르바이트 모집 광고입니다. 잘 읽고 빈칸에 알맞은 단어를 쓰십시오.

> 담당하다   근무   벌다   구하다   사업   보내다   맡기다   업무   월급

"바른 교육"은 '2009년 겨울 영어캠프'에서 영어 교사를 도와줄 보조교사를 구한다.

__________ ①__________ 은/는 외국인 강사 보조 및 캠프 참여 학생 생활 보조 등이다. 자격은 대학생 이상으로 영어로 대화가 가능하면 된다. 캠프 기간은 12월 29일부터 1월 22일까지이다.

__________ ②__________ 은/는 110만 원 정도이다.

12월 17일까지 서류를 우편으로 _____③_____ (으)면 된다.

"한국여행사"에서는 서류 정리와 심부름을 담당할 아르바이트생을 _____④_____. 20세 이상 26세 이하이면 일을 할 수 있고, 대학 휴학생도 가능하다. 여행사 근무 경험자는 우대한다. _____⑤_____ 기간은 11월 말 ~ 12월 말까지이고 __________②__________ 은/는 시간당 8천 원이다. 신청서는 이메일로 보내면 된다.

① : __________   ② : __________

③ : __________   ④ : __________

⑤ : __________

- 다음은 은행 무통장 입금표입니다. 잘 읽고 다음 문장을 완성하십시오.

실명확인	내부통새직일자	부점장

입금하실 때 (무통장 입금, 타행송금, 수표발행)

계좌번호	307-01-323692-4		
금 액	1,380,000		
예금주 (받는분)	부산외국어대학교	은행명	부산
입금인 (보내는분)	성 명 홍세인 ☎ 010-6475-3990		
	주민(사업자) 등록번호 870329-1234567		

수표발행을 원하는 경우	10만원권	매	100만원권	매
	기 타			
CMS용	코드번호 1			
	코드번호 2		코드번호 3	
증권 대금용	증권회사 등록명의		증권ID 카드번호	
대리인	성 명		본인과의 관계	
	주 민 등록번호			

위 입금표는

________________ 이/가 ________________ 에게

________________ 원을 보내려고 합니다.

■ 다음을 읽고 해당하는 은행 무통장 입금표에 써 넣으십시오.

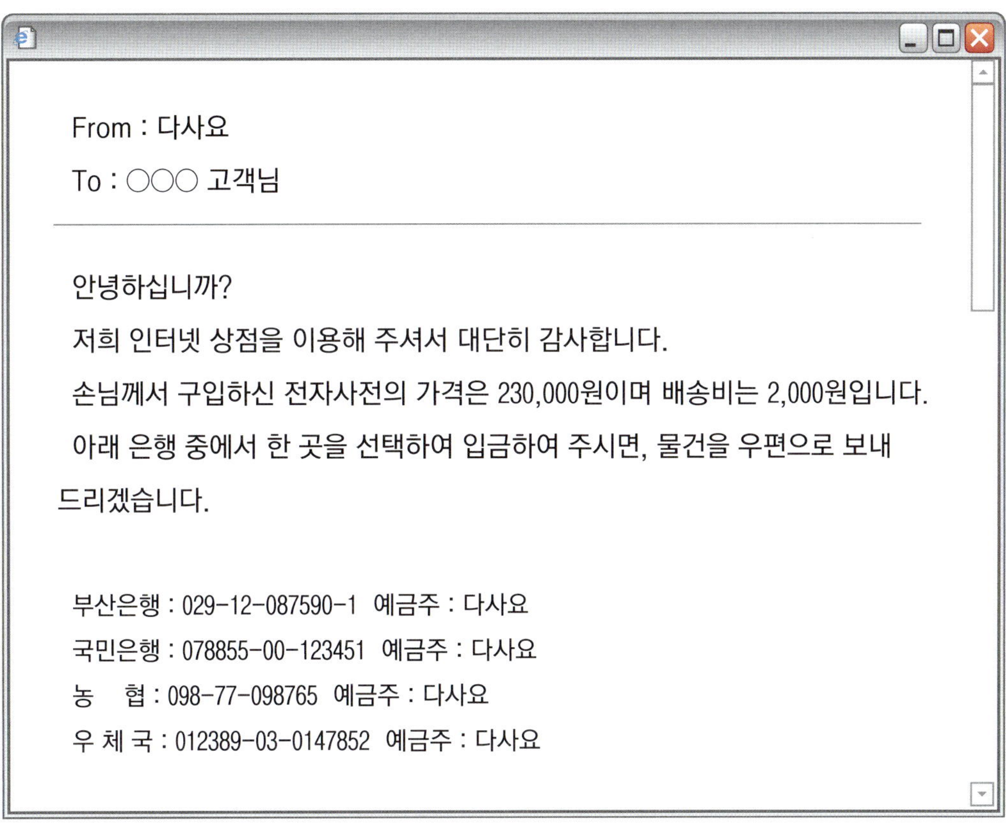

From : 다사요

To : ○○○ 고객님

안녕하십니까?

저희 인터넷 상점을 이용해 주셔서 대단히 감사합니다.

손님께서 구입하신 전자사전의 가격은 230,000원이며 배송비는 2,000원입니다.

아래 은행 중에서 한 곳을 선택하여 입금하여 주시면, 물건을 우편으로 보내

드리겠습니다.

부산은행 : 029-12-087590-1　예금주 : 다사요

국민은행 : 078855-00-123451　예금주 : 다사요

농　협 : 098-77-098765　예금주 : 다사요

우 체 국 : 012389-03-0147852　예금주 : 다사요

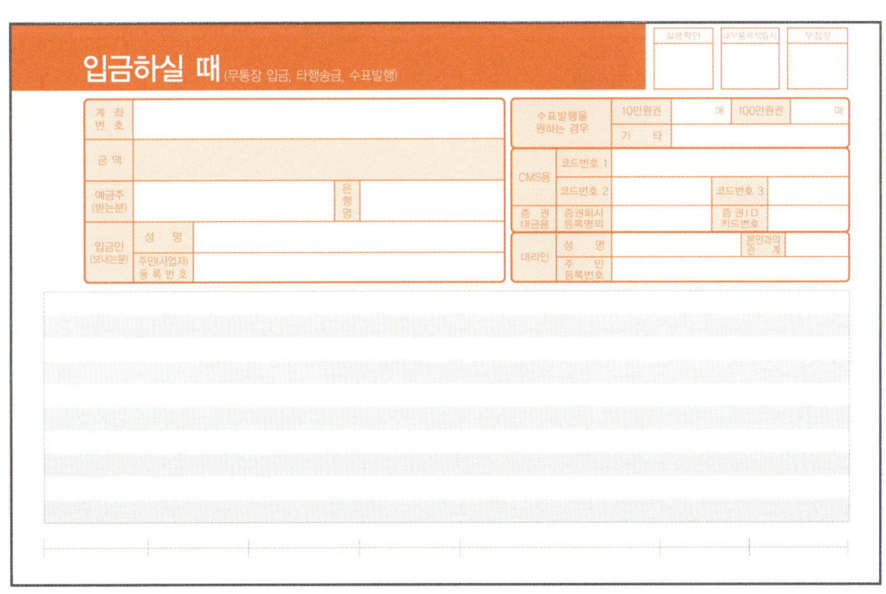

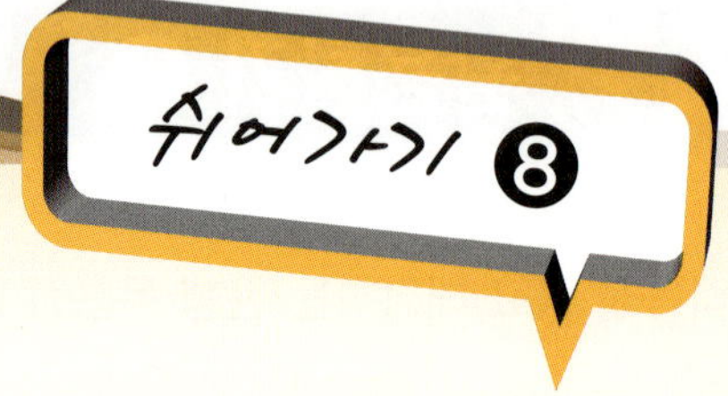

배보다 배꼽이 더 크다

오랜만에 친구를 만나 쇼핑도 하고 맛있는 것도 먹으면서 즐거운 시간을 보냈습니다. 그런데 저는 친구와 쇼핑을 하면서 그 친구를 보고 깜짝 놀랐습니다. 신발, 옷, 화장품, 액세서리 등 당장 필요하지 않은 물건도 마음에 들기만 하면 사는 것이었습니다. 마음에 드는 물건은 쉽게 살 수 없다고 하면서 말이죠. 최근에 취직을 했다고 들었는데 좋은 회사에 취직해서 월급을 많이 받는구나 하고 생각했습니다. 그리고 부럽기도 했습니다.

쇼핑을 한 후 우리는 커피숍에 앉아 이야기를 나누었습니다. 저는 친구에게 최근에 취직한 회사에서 월급을 많이 받아서 좋겠다고 이야기 했습니다. 그러나 친구는 회사에서 받는 월급은 얼마 되지 않는다고 했습니다. 월급을 물어보니 오늘 쇼핑하면서 쓴 돈과 비슷했습니다. 저는 깜짝 놀라며 그 친구에게 "배보다 배꼽이 더 크네." 라고 말했습니다.

당연히 작아야 할 것이 크고 적어야 할 것이 많을 때 쓰는 말로, 버는 돈보다 쓰는 돈이 더 많은 친구에게 어울리는 표현이라고 생각했습니다.

배보다 배꼽이 더 클 수는 없지 않을까요?

13 물건사기

학습목표 · 거래에 필요한 어휘와 표현을 익힌다.
· 물건을 교환하거나 환불할 때 필요한 단어를 익힌다.

 ## 생각 꺼내기

◎ 물건을 사서 교환을 해 본적이 있습니까? 어떤 이유로 교환을 했습니까?

◎ 인터넷이나 TV보고 물건을 사본 적이 있습니까?

단어 보기

- 민수는 싼 **가격**으로 책을 샀다.

- 100달러를 한국 돈으로 **계산**하면 얼마예요?

- 왕안이 그 가게에서 산 물건은 **가짜**였다.

- 왕안은 그 가방이 **진짜**인지 가짜인지 알 수 없었다.

- 그 음식점은 생일날에 가면 케이크를 **공짜**로 준다.

- 나오코는 **수입**의 반을 저축하고 있다.

- 올해도 한국은 많은 자동차를 해외로 **수출**했다.

- 저희 가게는 담배를 **판매**하지 않아요.

- 옷 색깔이 마음에 들지 않으면 **교환**이 가능하다.

- 친구의 생일 선물이니까 예쁘게 **포장**해주세요.

- 이 카드로 물건을 사면 5% **할인**을 받을 수 있다.

- 고객을 위한 **행사**를 준비하고 있어요.

- 항상 **소비자**를 생각하면서 물건을 만들어야 한다.

- 그 가게 **종업원**은 **고객**에게 항상 친절하다.

값	가격	계산	가짜	진짜	공짜
무역	수입	수출			
매매	판매	교환	포장	할인	행사
	소비자	종업원	고객		

단어 잇기

- 후세인은 옷가게에서 마음에 드는 바지 하나를 **골랐다**.
- 이 옷은 세탁소에 **맡겨야** 한다.
- 백화점에는 **다양한** 물건들이 많이 있다.
- 이 가게 물건은 백화점에서 파는 것보다 **낫다**.
- 다음에 또 올 테니까 값을 좀 **깎아 주세요**.
- 이번 행사를 준비하는데 돈이 많이 **들었다**.
- 김장철이 되자 배추 값이 조금 **올랐다**.
- 요즘은 물가가 조금씩 **내리고** 있다.

옷	고르다　맡기다　다양하다　낫다
돈, 값	깎다　들다　오르다　내리다

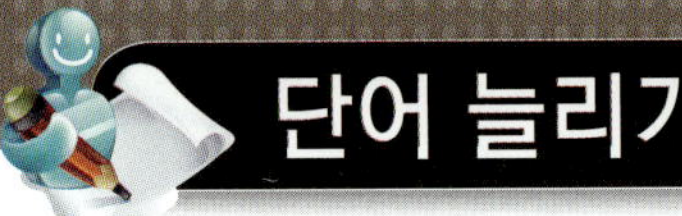

- 민수는 어머니의 생신 선물로 무엇을 살지 **고민하고** 있다.

- 물건을 살 때는 여러 곳을 **비교해** 보고 사야 한다.

- 종업원이 뚜언에게 옷을 입어보라고 **권했다**.

- 나오코는 홈쇼핑에서 주문한 물건을 **반품했다**.

- 그 회사는 문제가 있는 물건을 전부 **환불해** 주겠다고 약속했다.

- 가을 행사 기간을 **놓쳐서** 옷을 비싸게 주고 샀다.

-하다	고민하다 비교하다 권하다 반품하다 환불하다
놓다	놓치다

1   다음 중 서로 반대되는 단어끼리 이으십시오.

    (1) 소비자   •   • 수출하다

    (2) 수입하다   •   • 생산자

    (3) 판매하다   •   • 지출

    (4) 수입   •   • 구입하다

    (5) 가짜   •   • 진짜

2   다음을 읽고 공통으로 들어갈 단어를 쓰십시오.

> 내리다   깎다   놓치다

    (1) 과일을 ________아/어/여서 접시에 담았다.

       머리를 짧게________아/어/여 주세요.

       너무 비싸요. 값을 좀________아/어/여 주세요.

    (2) 조금 있으면 값이________(으)니까 다음에 삽시다.

       민수는 지하철에서________아/어/여서 약속 장소로 뛰어 갔습니다.

       어제도 비가________더니 오늘도 계속 오네요.

    (3) 갑자기 문이 열리는 바람에 컵을________.

       아침에 늦잠을 자는 바람에 비행기를________.

       어제까지 이 가방을 싸게 살 수 있었는데 기회를________.

1 다음 문장을 읽고 알맞은 단어를 쓰십시오.

교환　환불　반품

왕안

뚜언

나오코

2 다음을 읽고 빈칸에 알맞은 단어를 찾아 쓰십시오.

(1)

값   가격

- 오늘 먹은 밥______________은 내가 낼게.

- 편의점의 물건______________이 마트보다 더 비싸다.

- 왜 물건에 적힌______________보다 비싸게 팔아요?

(2)

고객   소비자

- ______________님, 잠시만 기다려 주시겠습니까?

- 요즘은 중고 제품을 사려는______________이/가 늘고 있다.

(3)

깎다   내리다

- 백화점에서 물건값을______________는 사람이 어디 있어요?

- 명절이 지나면 지금보다 값이 더______________(으)ㄹ 거예요.

활용하기

■ 다음 광고를 잘 보고 선물하고 싶은 사람과 그 이유를 써 보십시오.

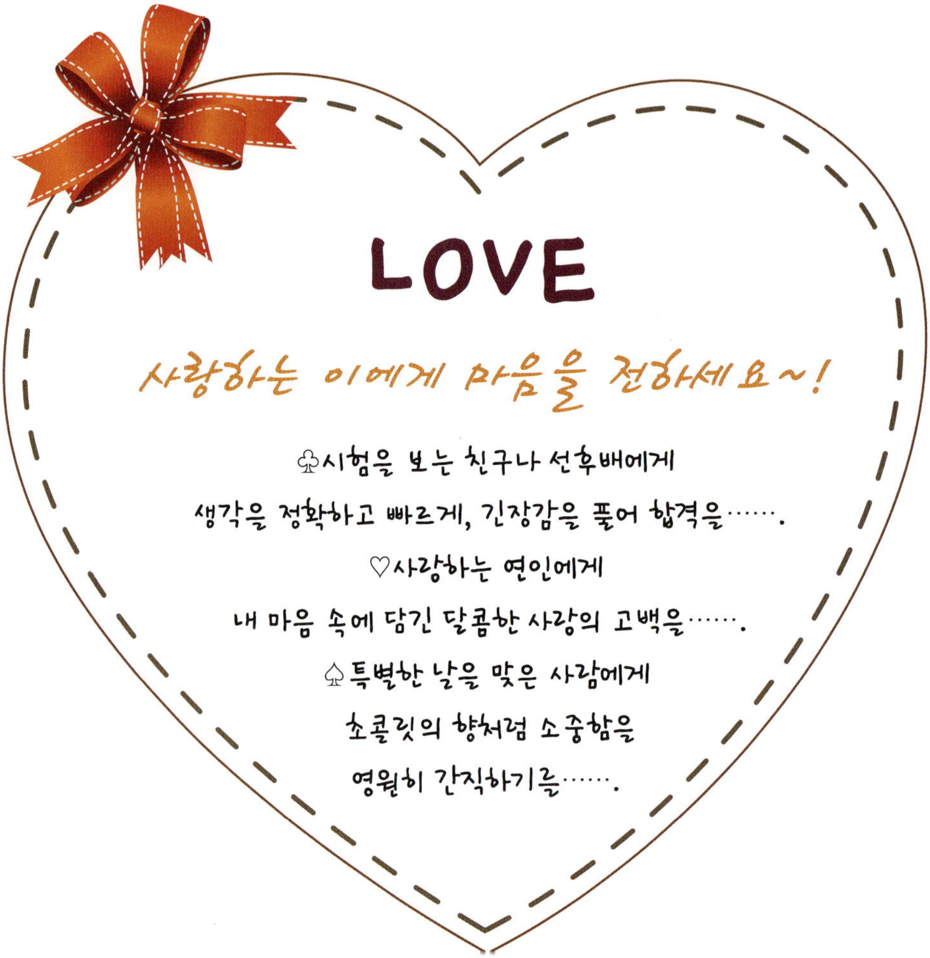

개똥도 약에 쓰려면 귀하다

　평소보다 졸업식이나 입학식 날에는 꽃을 사는 사람이 많아 그만큼 꽃 값이 비싸진다. 특히 기념일인 어버이날, 스승의 날이면 카네이션 값이 평소보다 값이 오른다. 또 겨울에는 모피코트나 난방기 등이 비싸지만 더 많이 팔리고, 여름이 되면 선풍기, 에어컨도 겨울보다 더 잘 팔린다. 주말이면 예식장, 야구장 사용료, 입장료가 더 비싸지고, 영화관은 사람이 별로 없는 조조나 심야가 더 싸다. 공원이나 관광지는 어떨까? 사람들은 공원이나 관광지에 놀러가면 평소에는 잘 먹지도 않는 음식이나 음료수를 비싸게 사 먹는다. 도대체 왜 그럴까?

　한국 속담에 '개똥도 약에 쓰려면 없다.'는 말이 있다. 이 말은, 평소에는 주위에서 쉽게 볼 수 있는 흔한 물건이지만 막상 쓰려고 하면 안 보인다는 뜻이다. 이 속담의 의미를 장사하는 사람들이 이용한다. 길에 있는 개똥처럼 흔히 볼 수 있는 평일에는 싸게 팔다가, 사람들이 약에 쓰려고 몰리는 주말이나 특별한 기념일이 되면 값을 올려서 비싸게 파는 것이다.

[1~4] 다음 (　　　　)안에 알맞은 말을 고르십시오.

1　집을 사려고 은행에서 돈을 빌렸는데, 아직 빌린 돈의 이자도 못 (　　　　).

① 벌었다　　　　② 찾았다　　　　③ 갚았다　　　　④ 던졌다

2　가: 왕성 씨, 고향에서 (　　　　)이/가 왔어요?
　　나: 네, 어머니께서 겨울옷과 먹을 것들을 보내주셨어요.

① 답장　　　　② 편지　　　　③ 소포　　　　④ 포장

3　가: 오늘 기분이 좋아 보여요. 무슨 좋은 일 있어요?
　　나: 밀린 과제를 다 끝내고 나니 마음이 (　　　　).

① 편해지다　　　　② 익숙해지다　　　　③ 불안해지다　　　　④ 급해지다

4　다음 (　　)안에 알맞은 단어를 고르십시오.

대학원에 들어가기 전에 학업계획서를 (　　　　)(으)지 않으면 공부의 방향을 잃어버리기 쉽다.

① 포기하다　　　　② 제출하다　　　　③ 확인하다　　　　④ 선택하다

[5~7] 다음 밑줄 친 단어의 의미와 같은 것을 고르십시오.

5　요즘 물이 많이 부족합니다. 물을 <u>절약하는</u> 태도가 필요합니다.

① 모으는　　　　② 낭비하는　　　　③ 구하는　　　　④ 아끼는

6　자동차를 사려고 했지만 돈이 <u>모자라서</u> 오토바이를 샀습니다.

① 고생하다　　　　② 비슷하다　　　　③ 부족하다　　　　④ 익숙하다

7 여기 여러 가지 액세서리가 있습니다. 마음에 드는 것을 <u>선택해</u> 보세요.

① 봐   ② 골라   ③ 찾아   ④ 정해

[8~9] 다음 (   )안에 공통으로 들어갈 동사를 쓰십시오.

8 이 단어의 의미를 알고 싶으면 사전을 (   )아/어/여 보세요.
이 회사에서 떨어져서 다른 회사를 (   )아/어/여야 합니다.
민수는 서울에 사시는 친척을 (   )아/어/여/야 왔습니다.

(   )

9 그는 회사에서 돌아오면 목욕을 하면서 피로를 (   ).
학생들은 선생님의 설명을 들은 후에 쉽게 그 문제를 (   ).
올해 차를 사게 되어서 소원을 (   ).

(   )

4부

기술

14 가족

· 가족관계에 따른 어휘를 익힌다.
· 가족이나 친척을 소개할 수 있다.

 **생각 꺼내기**

☺ 지금 가장 보고 싶은 가족은 누구입니까?

☺ 결혼을 하면 자녀를 몇 명 낳고 싶습니까?

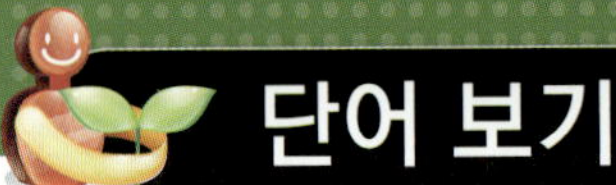

단어 보기

- 저희 가족은 모두 다섯 **식구**입니다.
- 저는 **장남**이라서 결혼하기가 좀 힘들어요.
- 제 남편은 **차남**이지만 저희가 부모님을 모시기로 했어요.
- 부모님은 **막내**를 너무 귀여워해요.
- 할아버지와 할머니는 **손자**와 **손녀**들을 보고 싶어 하신다.
- 이 분은 친 오빠가 아니고, **친척** 오빠예요.
- **이모**는 어머니의 언니나 동생을 말한다.
- 아버지의 여동생이나 누나를 **고모**라고 한다.
- 우리 아빠는 독자라서 저는 고모나 **삼촌**이 없어요.
- 오늘 삼촌이 **사촌**과 함께 저희 집에 오셨어요.
- 언니가 오늘 바빠서 내가 **조카**를 돌보고 있다.
- 나오코 씨는 다음 달에 **시집**을 간다.
- 후세인 씨는 한국 여자에게 **장가**를 가고 싶어 해요.
- 그래요? **신랑**은 누구예요?
- 오늘 결혼하는 **신부**가 정말 예뻐요.
- 이 가방은 첫째 **사위**가 생일 선물로 사 줬어요.
- 오늘 저녁에 아들과 **며느리**를 만나기로 했다.
- **이혼**하기 전에 다시 한 번 생각해 보세요.

가족	식구　장남　차남　막내　손자　손녀
친척	이모　이모부　고모　고모부　삼촌　사촌　조카
결혼	결혼식　시집　장가　신랑　신부　사위　며느리
이혼	이혼하다

- 저는 빨리 결혼해서 가정을 이루고 싶어요.
- 후세인 씨는 부모님 중에서 누구를 닮았어요?
- 우리 집은 3대가 함께 어울려 사는 대가족이다.
- 나이가 드니까 집에서 부모님과 생활하는 것이 불편하다.
- 결혼한 지 5년 만에 큰집으로 이사했다.
- 집이 너무 좁아서 좀 더 늘렸으면 좋겠다.
- 아이들이 너무 어려서 부모의 보호가 필요하다.
- 제가 자라서 어른이 되면 부모님께 효도할 겁니다.
- 급하게 외출을 해야 하니까 제 아이들 좀 돌봐 주시겠어요?
- 나는 늙으면 시골에 가서 살고 싶어요.

가정	이루다		
부모, 친구	닮다	어울리다	생활하다
집	이사하다	늘다	늘리다
아이	어리다	자라다	돌보다
사람	늙다		

- 너희 두 사람은 3년 전에 결혼했지만 아직도 **신혼부부** 같네.
- 나는 **신혼여행**을 아프리카로 가고 싶다.
- 나오코 씨, 결혼하면 **시집** 근처에서 살고 싶어요?
- 일주일에 한 번씩 **시부모님**과 함께 저녁을 먹기로 했다.
- **시어머니가** 친어머니처럼 잘 해 주신다.
- **시아버지가** 돌아가신 후로 시어머니 건강이 나빠졌다.
- 나는 어릴 때 방학이 되면 **외갓집**에 놀러 갔다.
- **외할머니**는 작년에 돌아가셨다.
- 그렇지만 **외할아버지**는 지금도 살아 계신다.
- 지금 외갓집에는 외할아버지와 **외삼촌**이 함께 살고 계신다.

신혼	신혼부부　　신혼여행		
시-	시집　　시부모　　시어머니　　시아버지		
외-	외갓집　　외할머니　　외할아버지　　외삼촌		

1 다음 중 서로 관계있는 것끼리 이으십시오.

(1) 고모 •　　　　　　　　　　• 아들

(2) 이모 •　　　　　　　　　　• 손자

(3) 신부 •　　　　　　　　　　• 이모부

(4) 딸 •　　　　　　　　　　• 사위

(5) 손녀 •　　　　　　　　　　• 신랑

(6) 며느리 •　　　　　　　　　• 고모부

2 다음을 읽고 공통으로 들어갈 단어를 쓰십시오.

(1) ☐☐여행, ☐☐부부　➡

(2) ☐할아버지, ☐삼촌, ☐할머니　➡

(3) 고모☐, 이모☐　➡

(4) ☐부모, ☐집, ☐아버지, ☐어머니　➡

3 다음 설명을 읽고 알맞은 단어를 쓰십시오.

(1)　　　　　➡　아버지의 동생의 딸

(2)　　　　　➡　어머니의 남동생

(3)　　　　　➡　첫째 아들

(4)　　　　　➡　딸과 결혼한 사람

(5)　　　　　➡　남편의 부모님

1 다음 빈칸에 들어갈 단어를 찾아 쓰십시오.

생활하다 닮다 늘리다 돌보다 이루다

(1) 가: 재민이 어머니, 요즘 퇴근이 늦네요.

　　나: 네. 회사일이 너무 많아서 가족들을＿＿＿＿＿(으)ㄹ 시간이 없어요.

(2) 가: 저 영화배우는 결혼을 세 번이나 했대요.

　　나: 젊었을 때는 방황을 많이 했지만 지금은 행복한 가정을＿＿＿＿＿았/었대요.

(3) 가: 수미 씨는 부모님 중에서 누구를 닮았어요?

　　나: 글쎄요. 이모는 제가 어머니를＿＿＿＿＿았/었다고 하는데, 고모는 아버지를＿＿＿＿＿

　　　　았/었다고 해요.

(4) 가: 민수 씨, 이사하신다면서요?

　　나: 네. 아이들이 크니까 집이 좁아서 집을 ＿＿＿＿＿게 됐어요.

다음 가계도를 보고 빈칸에 알맞은 호칭을 쓰십시오.

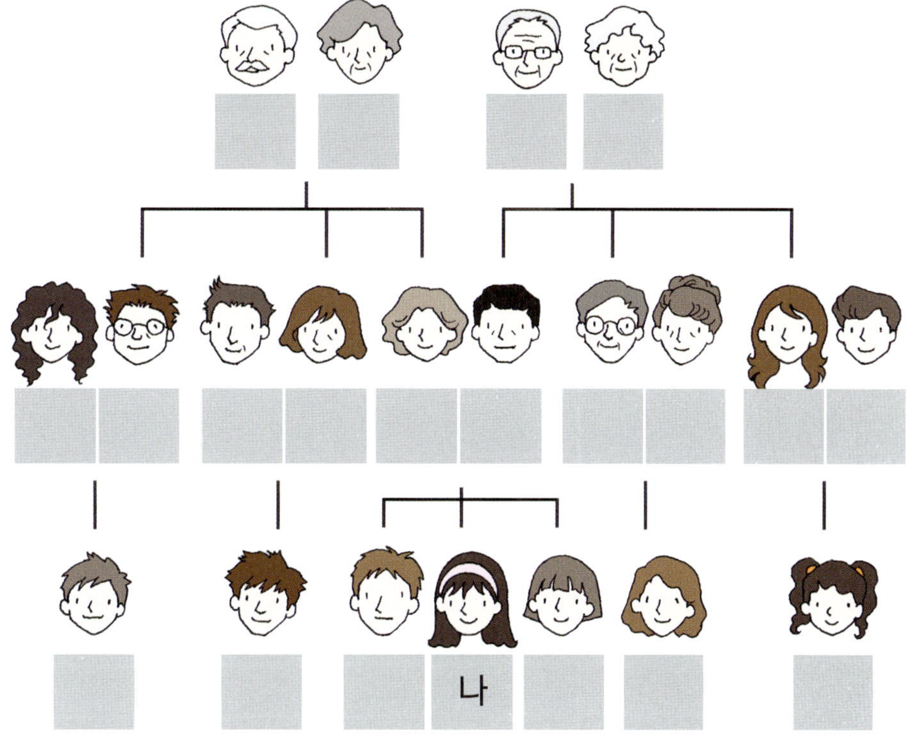

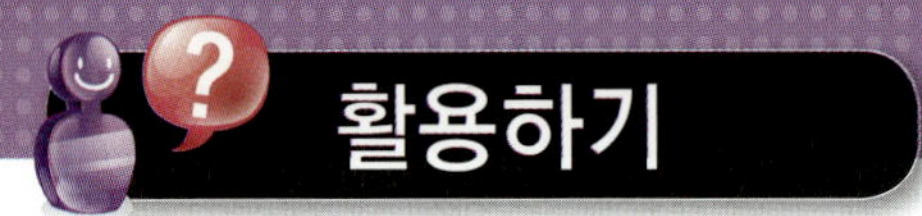

■ 아래에 여러분의 가족사진을 붙이고 가족을 소개하십시오.

15 요리

· 요리의 재료와 방법에 관한 어휘와 표현을 익힌다.
· 음식을 소개하고, 만드는 방법을 설명할 수 있다.

 ## 생각 꺼내기

☺ 잘 만드는 음식이 있습니까?

☺ 음식을 만드는 방법을 설명할 수 있습니까?

- 요리할 때 **감자**와 **양파**는 껍질을 벗겨서 사용한다.

- 추운 겨울에는 구운 **고구마**가 별미다.

- **당근**을 먹으면 눈이 건강해진다.

- **버섯**은 고기와 함께 구워서 **상추**에 싸 먹으면 더 맛있다.

- **파**는 길쭉하고 양파는 동그랗게 생겼다.

- **토마토**와 같은 붉은 색 과일이 몸에 좋다.

- **옥수수**는 먹기 불편하니까 통조림을 사는 것이 좋겠다.

- **새우** 요리에 **레몬**을 넣으면 더 맛있다.

- **두부**는 **콩**으로 만든 대표적인 음식이다.

- **소시지**는 돼지고기로 만들어요?

- **카레라이스**를 먹을 때는 반찬이 없어도 괜찮다.

- **버터**가 없으면 **식용유**를 사용하세요.

- 한국 요리에는 대부분 **마늘**이 들어간다.

- **식초**를 너무 많이 넣으면 신맛이 난다.

- **소금**은 흰 색이고 **간장**은 검은 색이지만, 모두 짠 맛이 난다.

- **된장**은 냄새가 강해서 아직 먹지 못한다.

- 떡볶이를 만들 때 가장 중요한 재료는 **고추장**이다.

- **참기름**은 음식을 나 만든 후에 소금만 넣으세요.

- **소스**는 음식을 먹기 직전에 뿌려야 한다.

재료	감자	양파	고구마	당근	상추	파	버섯	토마토	옥수수
	새우	레몬	두부	콩	소시지	카레	버터	식용유	
양념	마늘	식초	소금	간장	된장	고추장	참기름	소스	

- 밥솥의 밥을 그릇에 담을 때는 주걱을 사용한다.
- 찌개가 다 되었으면 냄비 뚜껑을 닫아 놓으세요.
- 한국 사람들은 밥을 먹을 때 숟가락과 젓가락을 사용한다.
- 채소는 모두 씻어서 칼로 썰어 두세요.
- 뒤집개는 생선을 구울 때 사용한다.
- 깨를 볶으면 고소한 냄새가 난다.
- 친구와 통화하다가 밥을 태웠다.
- 라면이 다 끓으면 계란을 깨어 넣는다.
- 고구마를 삶을 때는 물을 조금만 넣으세요.
- 재료와 양념을 섞을 때 중요한 것은 손맛이다.
- 쉬지 않고 계속 저어야 타지 않는다.
- 생선이 다 익었으면 뒤집어 주세요.
- 맛이 없어도 남기지 말고 다 드세요.

요리, 도구	밥솥	주걱	냄비 뚜껑	숟가락	젓가락	칼	뒤집개
조리법1	굽다	볶다	태우다	끓이다	삶다		
조리법2	붓다	뿌리다	섞다	젓다	뒤집다		
	남기다	썰다					

단어 잇기

- 오늘 저녁에는 김치찌개를 **끓였으니까** 많이 먹어.
- 커피에 설탕을 넣었으니까 **저어** 드세요.
- 끓는 물을 **붓고** 뚜껑을 덮으세요.
- 요즘에는 마늘 껍질을 **까는** 기계가 있어서 편하다.
- 물에 씻은 감자는 껍질을 **벗기고** 썰어 두세요.

국, 물	끓이다　젓다　붓다
껍질	까다　벗기다

- 김치를 담그려고 배추와 **고춧가루**를 샀다.
- 음식이 느끼하면 **후춧가루**를 뿌려서 먹어요.
- 라면이나 빵과 같은 **밀가루** 음식을 많이 먹으면 뚱뚱해진다.
- 요즈음에는 집에서 **콩나물**을 길러 먹는 사람이 많다.

가루	고춧가루　　후춧가루　　밀가루
나물	콩나물

1 다음 요리에 넣을 재료를 써 보십시오.

2 다음 중 서로 관계있는 것끼리 이으십시오.

(1) 고구마 •   • 끓이다

(2) 라면 •   • 볶다

(3) 생선 •   • 삶다

(4) 채소 •   • 굽다

3 다음 중 서로 관계있는 것끼리 이으십시오.

(1) 고춧가루 •

(2) 소스 •

(3) 식초 •   • 붓다

(4) 간장 •

(5) 식용유 •   • 뿌리다

(6) 후춧가루 •

(7) 참기름 •

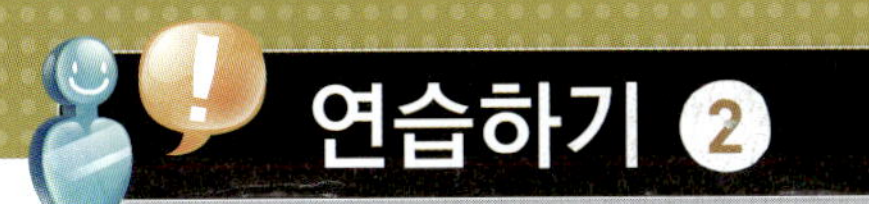

1 다음 그림을 보고 알맞은 동사를 쓰십시오.

2 다음은 라면 끓이는 순서입니다. 잘 읽고 알맞은 단어를 고르십시오.

뚜껑   담다   냄비   끓이다   뿌리다   젓다

(1) _______에 물을 넣고_______(이)ㄴ다.

(2) 물이 끓으면 _______을/를 열고 라면과 스프를 넣는다.

(3) 라면이 _______(으)면 준비한 계란과 파 등을 넣고 젓가락으로_______ㄴ/는다.

(4) 불을 끄고 그릇에_______(으)ㄴ후, 입맛에 따라 참기름이나 고춧가루를_______ㄴ/는다.

■ 다음은 카레라이스를 만드는 방법입니다. 그림에 어울리는 요리방법을 써 보십시오.

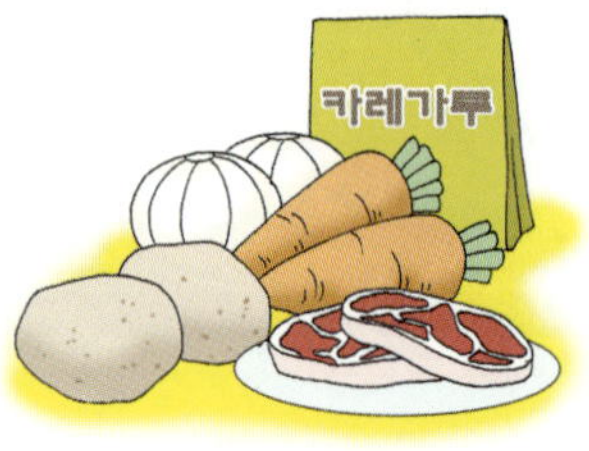 1	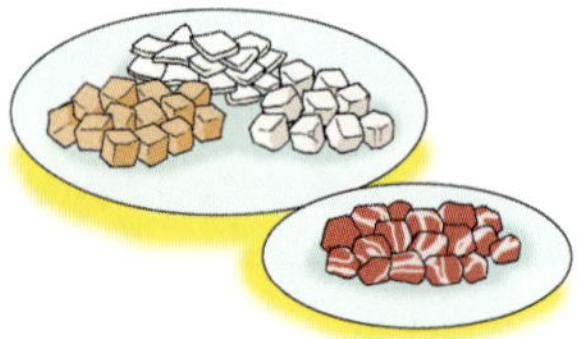 2	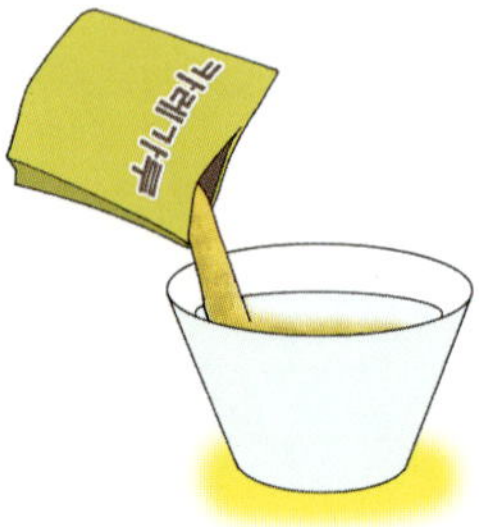 3
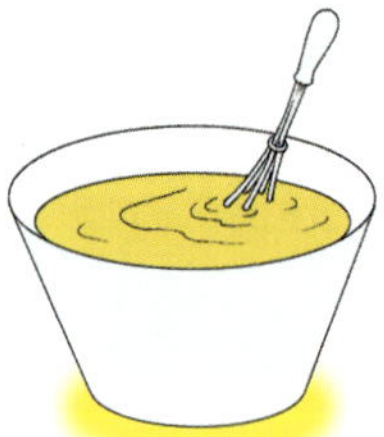 4	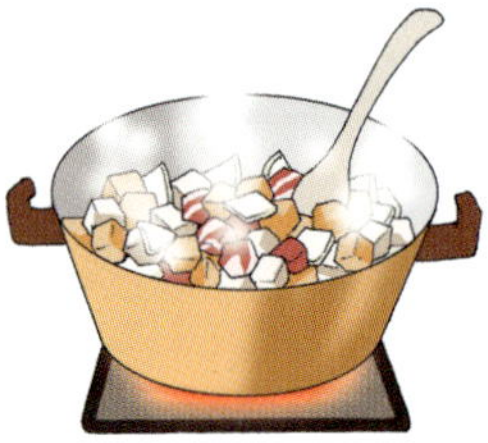 5	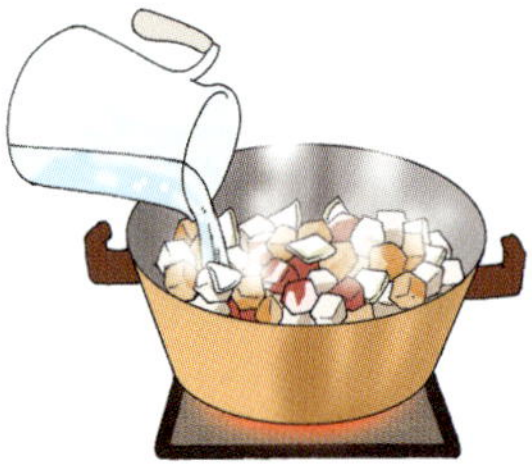 6
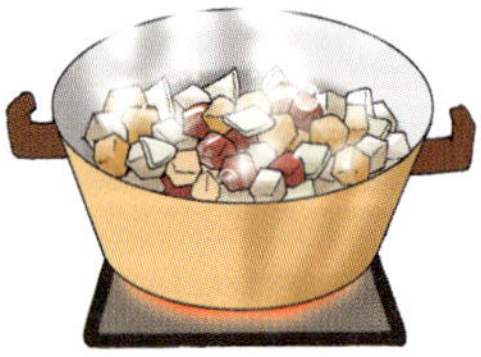 7	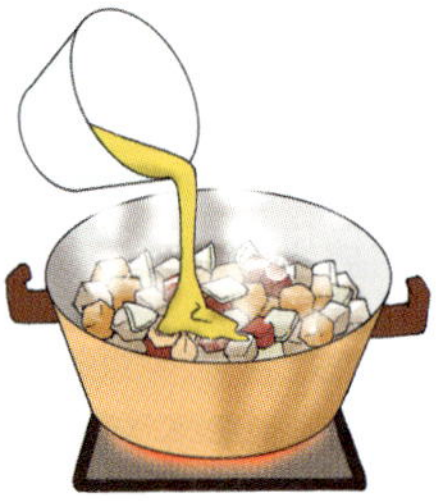 8	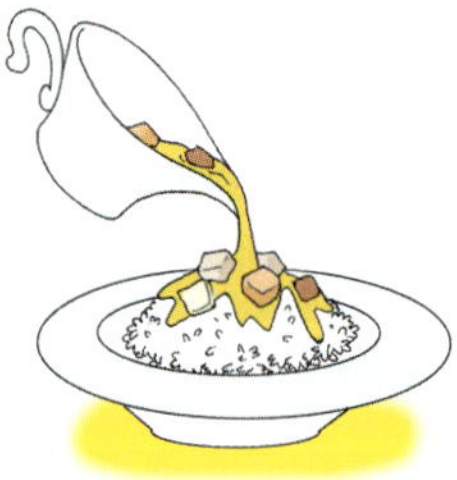 9

카레라이스 만들기

> 붓다, 끓이다, 까다, 젓다, 썰다
> 볶다, 섞다, 담다, 씻다

〈만드는 방법〉

1. 준비한 채소를 물에 씻어서 감자, 당근, 양파는 껍질을 깐다.

2.

3.

4.

5.

6.

7.

8.

9.

■ 여러분이 좋아하는 음식의 사진을 찍고 요리방법을 써 보십시오.

<만드는 방법>

1. ____

2. ____

3. ____

4. ____

5. ____

6. ____

7. ____

8. ____

9. ____

옷과 차림새

· 옷과 차림새에 관한 어휘와 표현을 익힌다.

· 사진을 보고 옷차림을 표현할 수 있다.

💡 생각 꺼내기

☺ 지금 여러분이 입고 있는 옷차림을 설명해보십시오.

☺ 결혼식, 명절, 면접 때 어떤 옷차림이 어울릴까요?

단어 보기

- 어제 뚜언은 남자친구를 만날 때 **폴라티**에 **카디건**을 입고 갔다.
- 여름에는 날씨가 더워서 **민소매**에 **반바지**를 즐겨 입는다.
- 밤에는 날씨가 쌀쌀하니 민소매 위에 **후드 점퍼**를 입으세요.
- 주말에는 **청바지**와 **면바지**를 자주 입는다.
- 겨울에는 날씨가 너무 추워서 **스타킹**을 신고 **부츠**를 신어야 한다.
- 여름에는 날씨가 더워서 스타킹을 신지 않고 **샌들**을 신는다.
- 기숙사 안에서 **슬리퍼**를 신고 지낸다.
- 여행을 떠날 때는 **배낭**을 메고 **선글라스**를 쓰고 간다.
- 한복을 **곱게** 차려 입으니까 아름답군요.
- 양말이 너무 **낡아서** 구멍이 났다.
- 나오코는 예쁘게 **꾸미고** 남자친구를 만나러 갔다.
- 머리를 **자연스럽게** 잘라주세요.
- 왕안의 남자친구는 키도 별로 크지 않고 얼굴도 **평범하게** 생겼다.
- 파티에 **화려한** 옷을 입은 사람들이 많이 왔다.
- 나오코가 분홍색 코트를 입으니까 얼굴이 **화사해졌다**.

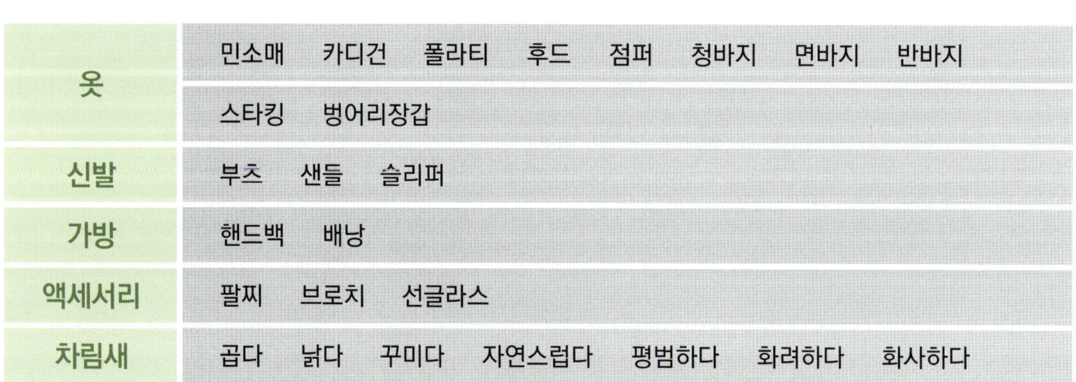

옷	민소매	카디건	폴라티	후드	점퍼	청바지	면바지	반바지
	스타킹	벙어리장갑						
신발	부츠	샌들	슬리퍼					
가방	핸드백	배낭						
액세서리	팔찌	브로치	선글라스					
차림새	곱다	낡다	꾸미다	자연스럽다	평범하다	화려하다	화사하다	

단어 잇기

- 뚜언은 운동을 하려고 운동복으로 **갈아입었다**.
- 후세인은 주머니에 아무 것도 없다는 것을 보이려고 주머니 속을 **뒤집어** 보였다.
- 빨래를 하기 전에 주머니에 있는 돈을 **꺼내** 놓아야 한다.
- 운동화는 조금 **헐렁했지만** 끈을 조여서 신었다.
- 이 바지 길이 좀 **줄여** 주세요.
- 코트가 너무 커서 **고쳐** 입어야겠다.
- 반지를 **낀** 걸 보니까 결혼하셨군요.
- 왕안은 눈이 너무 아파서 **끼고** 있던 렌즈를 **뺐다**.
- 후세인은 양복에 단추를 **달았다**.
- 새로 산 옷에서 상표를 **뗐다**.
- 민수는 고개를 숙여 **풀린** 신발 끈을 **묶었다**.

옷	갈아입다	뒤집다	꺼내다	헐렁하다	줄이다	늘이다	고치다
렌즈, 안경	끼다	빼다					
액세서리	달다	끼다	빼다				
끈	묶나	풀나					

- 잠을 자기 전에 잠옷으로 **갈아입어야** 한다.
- **청바지** 한 벌이면 사계절 동안 입을 수 있다.
- 작년에 산 **면바지**가 지금은 작아서 입을 수가 없다.
- 나오코는 치마보다 **반바지**를 즐겨 입는다.
- 어제 산 치마가 너무 짧아서 조금 **늘였다**.
- 한복을 **맞추는** 데 돈이 얼마나 들어요?

갈다	갈아입다
바지	청바지　면바지　반바지
늘다	늘이다
맞다	맞추다

1 다음 중 서로 반대되는 것끼리 이으십시오.

(1) 꺼내다 •   • 끼다

(2) 늘이다 •   • 묶다

(3) 빼다 •   • 넣다

(4) 풀다 •   • 줄이다

2 다음 제시한 단어와 관계있는 것끼리 묶으십시오.

카디건　폴라티　민소매　후드 점퍼　청바지　면바지　반바지
부츠　샌들　슬리퍼　스타킹　핸드백　스카프　배낭　팔찌　브로치
선글라스　벙어리장갑　허리띠　목도리　넥타이　가방　모자　안경

	입다
	신다
	하다
	끼다
	메다
	매다
	차다
	쓰다
	달다

1 다음 두 단어의 차이점을 알고 맞는 문장을 찾아봅시다.

늘리다	늘이다
양, 수, 크기를 크게 할 때 쓰입니다.	길이를 길게 할 때 쓰입니다.

☐ 건강을 위해서는 일하는 시간을 줄이고 운동하는 시간을 늘여야 합니다.

☐ 그는 가게를 세 곳으로 늘렸습니다.

☐ 치마가 짧아서 길이를 조금 늘렸습니다.

☐ 새로 산 바지의 허리가 작아서 크게 늘렸습니다.

2 다음 대화의 빈칸에 알맞은 단어를 찾아 쓰십시오.

> 양복   넥타이   줄이다   헐렁하다   목도리   갈아입다

(1) 가 : 마음에 드는데… 바지가 너무 길어요.

　　나 : 걱정하지 마세요. 세탁소에 가서＿＿＿＿＿＿＿(으)면 돼요.

(2) 가 : 손님, 사이즈는 어때요?

　　나 : 좀＿＿＿＿＿＿(으)ㄴ 것 같아요. 한 치수만 작은 걸로 주세요.

(3) 가 : 내일 면접을 보는 날이에요. 무슨 옷을 입으면 좋을까요?

　　나 : 멋있는 ＿＿＿＿＿을/를 입고 ＿＿＿＿＿을/를 메세요.

(4) 가 : 에취! 감기에 걸렸나 봐요. 목이 너무 아파요.

　　나 : 감기에 걸렸을 때는 목을 따뜻하게 해야 해요. ＿＿＿＿＿을/를 하세요.

(5) 가 : 오늘 친구하고 같이 농구를 하기로 했는데 치마를 입고 왔어요.

　　나 : 수업이 끝나면 운동복으로 ＿＿＿＿＿(이)고 농구를 하세요.

3 다음을 읽고 공통으로 들어갈 단어를 쓰십시오.

> 풀다　튼튼하다　떼다　맞추다　달다

(1) 어머니께서는 아버지의 옷에 단추를__________.

　　민수는 체중계에 몸무게를 __________.

　　저는 단 것을 좋아해서 음식을 __________게 먹는 편이에요.

(2) 옷에 붙어 있는 상표를 __________.

　　왕안은 웨딩드레스를 입고 있는 나오코에게서 눈을 __________(으)지 못했다.

(3) 시험을 본 후 우리는 답을 __________아/어/여 보았다.

　　시력이 안 좋아져서 안경을 __________았/었/했다.

　　약속 시간에 __________아/어/여 겨우 도착했다.

(4) 이 구두는 아주 __________아/어/해요.

　　몸이 __________아/어/여야 무슨 일이든 잘 할 수 있어요.

　　우리 회사는 __________아/어/여서 쉽게 망하지 않아요.

(5) 목욕을 하면서 피로를 __________았/었다.

　　이 끈을 좀 __________아/어/여 주세요.

　　뚜언은 마당에 강아지를 __________아/어/여 주었다.

■ 옛날과 오늘날의 옷차림을 비교해보십시오. 그리고 50년 후의 옷차림은 어떻게 변했을
까요? 이야기해 봅시다.

집안일

· 청소와 빨래에 관한 어휘와 표현을 익힌다.
· 일주일 동안의 집안일을 계획할 수 있다.

 ## 생각 꺼내기

☺ 여러분이 가장 하기 싫은 집안일은 무엇입니까?

☺ 오늘 집에 가서 꼭 해야 하는 집안일은 무엇입니까?

- 동생이 방문을 너무 세게 열어서 **손잡이**가 고장 났다.
- 우리 가족은 매일 저녁 **거실**에서 함께 텔레비전을 본다.
- 지금 **침실**에서 할머니께서 주무시니까 조용히 해.
- 나는 일주일에 한 번 **욕실**을 청소한다.
- 언제 청소를 했는지 **유리창**에 **먼지**가 너무 많다. 좀 닦아야겠다.
- 내가 먼저 빗자루로 쓸 테니 넌 **바닥**을 좀 닦아라.
- 오늘 **설거지**를 하다가 접시를 깨뜨렸다.
- **밥그릇**이 너무 작아서 두 그릇을 먹어도 배가 안 부르다.
- 내가 마시는 **찻잔**은 친구에게 선물로 받은 것이다.
- **가스**가 다 떨어져서 지금 요리를 할 수가 없다.
- **오븐**을 사용하기 전에 **온도**를 맞춰야 해요.
- **팬**을 사용한 후에 깨끗이 닦아 주세요.
- 겨울이 오기 전에 **이불**과 **담요**를 **세탁**해야겠다.
- 이 **세제**는 때가 잘 빠지니까 세탁할 때 조금만 넣어 주세요.
- 사용하지 않는 물건은 **비닐**로 싸서 보관한다.
- 요즘에는 **플라스틱**으로 만든 재활용품이 많다.
- 여름이 다 지나갔으니 **선풍기**는 상자에 넣어 둬야겠다.

방	손잡이	거실	침실	욕실	유리창	먼지	바닥
부엌	설거지	접시	밥그릇	찻잔	가스	오븐	온도 팬 가위
빨래	이불	담요	세탁	세제			
재질	비닐	플라스틱					
가전제품	선풍기	세탁기	청소기				

- 먼지가 너무 많아서 바닥 좀 **쓸어야겠다**.
- 대청소를 하느라고 여기저기를 쓸고 **닦고** 했더니 피곤하다.
- 책상 위를 **정리하지도** 않고 잠이 들었다.
- 밥을 먹고 나면 식탁은 제가 **치울게요**.
- 안 쓰는 물건은 상자에 넣어서 창고에 **쌓아** 두었다.
- **빨아야** 할 옷이 있으면 지금 세탁기에 **넣어** 주세요.
- 세탁기 **돌리는** 소리가 시끄러워서 공부를 할 수 없다.
- 오늘 아침에 널어 둔 옷이 다 **말랐는지** 모르겠다.

바닥	쓸다 닦다
물건	정리하다 치우다 쌓다
빨래	넣다 돌리다 빨다 마르다

단어 늘리기

- **칼질**을 할 때는 위험하기 때문에 조심해야 된다.
- 점선을 따라서 **가위질** 해보세요.
- 매일 아침 어머니께서는 아버지의 와이셔츠를 **다림질**합니다.
- 오늘 아침에 설거지를 하다가 **밥그릇**을 깨트렸다.
- **유리창**에 먼지가 하얗게 끼어 있다.
- 이 **찻잔**은 아버지께서 인도에서 사 오신 것이다.
- 다 같이 **술잔**을 높이 들고 큰 소리로 '건배!'합시다.

–질	칼질　가위질　다림질
밥	밥그릇　밥공기
유리	유리창
잔	찻잔　술잔

1   다음 중 서로 관계있는 것끼리 이으십시오.

    (1) 바닥   •   • 정리하다

    (2) 유리창 •   • 돌리다

    (3) 서랍   •   • 닦다

    (4) 청소기 •   • 빨다

    (5) 빨래   •   • 쓸다

2   다음 단어를 이용하여 문장을 완성하십시오.

> 상자에 넣는다   세제를 넣는다   온도를 맞춘다   밥을 한다   설거지를 한다

    (1) 식사를 한 후에 ____

    (2) 물건을 정리한 후에 ____

    (3) 오븐을 사용하기 전에 ____

    (4) 쌀을 씻은 후에 ____

    (5) 세탁기를 돌리기 전에 ____

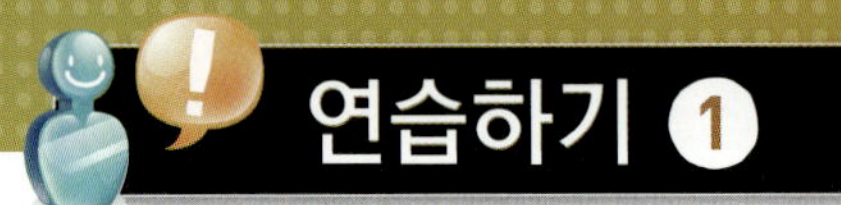

3   다음 빈칸에 공통으로 들어갈 단어를 쓰십시오.

> 치우다   쌓다   닦다   세제   돌리다

(1) 빨래가 밀려서 세탁기를 ＿＿＿＿＿＿＿아/어야 겠다.

청소기를 ＿＿＿＿＿＿＿느라고 시끄러워서 전화가 오는지 몰랐다.

(2) 책상 위에 책이 잔뜩 ＿＿＿＿＿＿＿여 있다.

안 쓰는 물건은 상자에 넣어서 ＿＿＿＿＿＿＿아/어 두세요.

(3) 팬을 사용한 후에 깨끗이 ＿＿＿＿＿＿＿아/어 주세요.

유리창이 너무 더러워서 좀 ＿＿＿＿＿＿＿아/어야겠어요.

(4) 이 ＿＿＿＿＿＿＿은/는 때가 잘 빠지니까 조금만 넣으세요.

지금 ＿＿＿＿＿＿＿이/가 없어서 설거지를 못 하겠어요.

(5) 밥을 다 먹으면 식탁을 ＿＿＿＿＿＿＿아/어라.

죄송하지만 여기 있는 쓰레기 좀 ＿＿＿＿＿＿＿아/어 주세요.

- 여러분은 집안일을 해본 적이 있습니까? 집안일을 할 때 필요한 물건과 방법을 이야기해 봅시다.

집안일	필요한 물건	방법
설거지		
빨래		
청소		
다림질		

비 온 뒤에 땅이 더 단단해진다

제가 어릴 때 저희 아버지는 사업을 크게 하셔서 돈을 많이 모으셨습니다. 저는 부족함 없이 부유하게 자랐습니다. 그러나 돈은 많았지만 우리 가족들은 서로를 사랑하는 마음이 없었습니다. 모든 문제를 돈으로 해결했습니다. 부모님의 사랑과 관심이 가장 필요한 학창시절이었지만, 부모님은 항상 출장과 야근, 회식 등으로 집에 계시는 날이 거의 없었습니다. 집은 아주 넓었지만 온 가족이 함께 모이는 날은 드물었습니다.

그러던 어느 날, 아버지의 사업이 실패를 해서 회사가 망했습니다. 우리 가족은 정원이 있는 넓은 집을 떠나 작은 아파트로 이사를 갔습니다. 그 때 저는 아버지께서 우는 모습을 처음 봤습니다. 그 후로 아버지는 작은 회사에 취직을 하고 어머니는 집에서 집안일을 하셨습니다.

그러나 저는 예전보다 지금이 더 좋습니다. 이제 학교 수업을 마치고 집에 가면 어머니가 계시고 가족이 함께 저녁을 먹습니다. 주말에는 가족과 함께 대청소도 하고, 맛있는 음식을 만들어 먹기도 하고, 간식을 먹으면서 텔레비전을 보기도 합니다. 집은 예전보다 좁고 불편하지만 돈보다 더 중요한 사랑이 있어서 저는 행복합니다. 우리는 지난날의 어려운 일을 통하여 더 중요한 것을 발견했습니다.

18 병과 치료

· 일반적인 병과 증상을 표현할 수 있다.
· 글을 읽고 적절한 치료 방법을 표현할 수 있다.

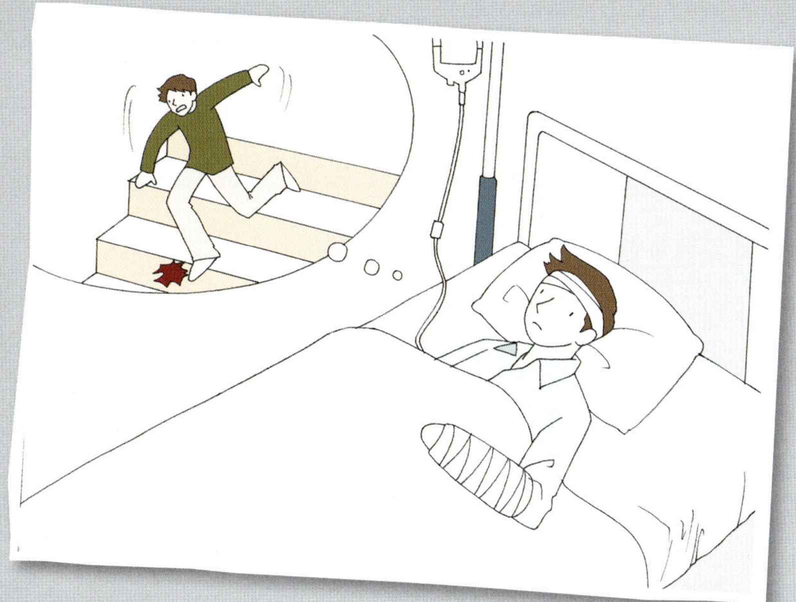

 생각 꺼내기

◎ 여러분은 병원에 가서 치료를 받아본 적이 있습니까?
   경험을 말해봅시다.
◎ 여러분이 알고 있는 병과 그 치료 방법을 이야기 해봅시다.

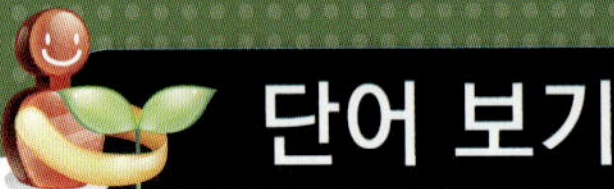

- 언제쯤 모든 **암**을 치료 할 수 있을까요?
- 며칠 동안 밥을 잘 먹지 않아서 **빈혈**이 생겼다.
- 내가 보기에 그 사람은 통통한 것이 아니고 **비만**이다.
- **불치병**이라는 의사의 말을 듣고 민수는 치료를 포기했다.
- 약을 너무 많이 먹으면 **부작용**이 나타난다.
- 감기에 걸린 나오코가 밤새 **기침**을 했다.
- 요즘은 **두통**이 날 때 두통약을 먹어도 잘 듣지 않는다.
- 양파로 요리를 하는데 **재채기**가 계속 나와서 힘들었다.
- 민수는 **피**를 많이 흘려서 빨리 수혈을 해야 한다.
- 감기에 걸렸는지 머리에 **열**도 나고 목도 아프다.
- 어젯밤에 모기에 물려서 몸이 **가렵다**.
- 엉덩이에 **주사**를 맞아서 걷기가 힘들다.
- **수술**이 끝난 후에 다행히 회복이 빠르다.

병	암　　빈혈　　비만　　불치병　　부작용						
증상, 증세	기침　　두통　　재채기　　코피　　하품　　피　　열　　가렵다						
치료	주사　　수술						

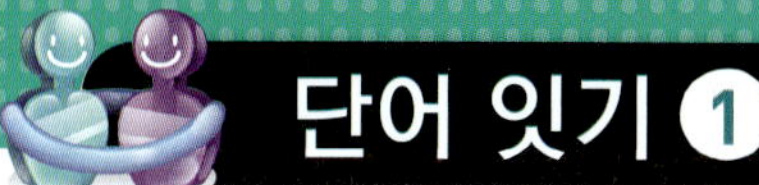

- 어젯밤에 일어나지도 못할 만큼 심하게 **앓았다**.
- 어제 옷을 얇게 입어서 감기에 **걸렸다**.
- 교통사고가 나서 사람들이 많이 **다쳤다**.
- 민수는 마취를 한 후에 아무 고통도 **느낄** 수 없었다.
- 건강검진을 하다가 암이 **발견되었어요**.
- 매일 술을 마시면 건강이 **나빠진다**.
- 오늘 아침에 과로로 코피를 **쏟았다**.
- 잠을 안자고 그렇게 일만 하면 병이 **나요**.
- 코피가 **멈추지** 않으면 병원에 빨리 가야 해요.
- 의사가 죽어가는 사람을 **살렸다**.
- 대통령이 불치병에 걸린 환자들을 **위로했다**.
- 수술이 끝난 후 마취에서 깨어나면 아주 **고통스럽다**.

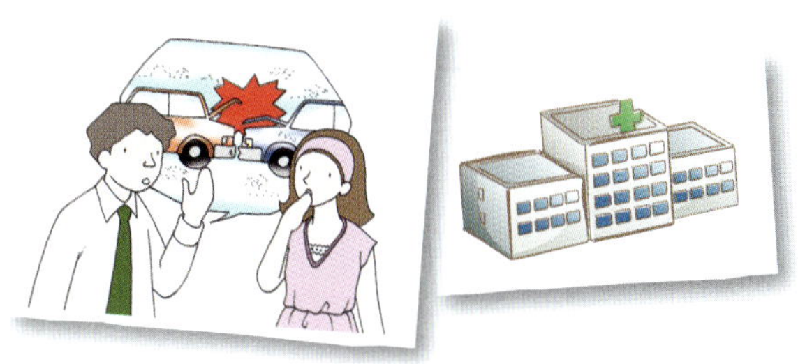

병	앓다 걸리다			
증상, 증세	느끼다	발견하다	발견되다	나타나다 나빠지다
피	쏟다 나다 멈추다			
환자	살리다 위로하다 고통스럽다 다치다			

단어 잇기 ❷

- 한번 나빠진 건강은 **회복하는** 데 오랜 시간과 노력이 필요하다.
- 나오코는 다이어트를 한 이후로 건강이 **나빠졌다**.
- 왕안은 배가 너무 아파서 **참을** 수 없었다.
- 피부병이 나면 이 연고를 **바르세요**.
- 그 약은 상처에 잘 낫는다고 했는데, 나에게는 잘 **듣지** 않았다.

건강	회복하다 나빠지다		
고통	참다		
약	먹다 마시다 바르다 듣다		

단어 늘리기

- 민수가 **입원을 해서** 병문안을 갔다.
- 병을 치료하려면 환자의 증상을 잘 **관찰해야** 한다.
- 우리 연구소에서 암 치료약을 **발견했다**.
- 그 환자는 죽은 채로 **발견되었다**.
- 의사 선생님, 제 아들을 좀 **살려** 주세요.

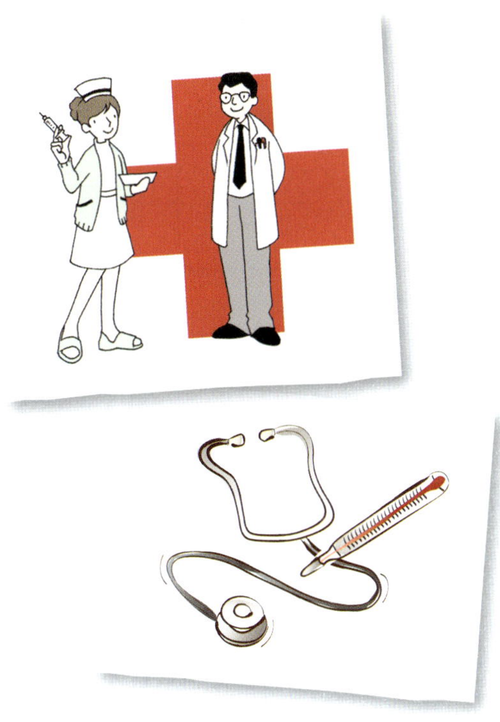

–하다	입원하다	관찰하다	위로하다	회복하다
발견	발견하다	발견되다		
살나	살리다			

1 다음 그림을 보고 어울리는 단어를 찾아쓰십시오.

> 나다 하다 걸리다 앓다 멈추다 내리다 오르다 놓다 흘리다 맞다 받다

(1) ___________

(2) ___________

(3) ___________

(4) ___________

(5) ___________

(6) ___________

2 다음을 읽고 공통으로 들어갈 단어를 쓰십시오.

> 바르다   들다   나다

(1) 민호는 고등학생이 되자 얼굴에 여드름이 많이 _________.

　　너한테 좋은 냄새가 _________는데 무슨 향수 썼어?

　　추운 겨울을 _________기 위해서 따뜻한 장갑을 준비했어요.

(2) 저는 심심할 때 음악을 _________.

　　감기에 잘 _________ㄴ/는 약을 주십시오.

(3) 겨울은 날씨가 건조하기 때문에 손에 크림을 _________(으)세요.

　　틀린 것을 _________게 고쳐 보십시오.

1   다음 신문기사를 읽고 비만의 원인을 생각해봅시다.

'살찐' 친구와 함께 다니면 나도 살찐다?

"살찐 사람들이 주변에 있으면 덩달아 살찔 수 있다."는 연구결과가 발표되었다.

인간은 주변 환경에 영향을 받는데 주변에 살찐 사람이 있으면 그것이 정상으로 보여 자신도 모르게 비만이 된다는 것이다.

미국 워릭대학 연구팀은 최근 "자신의 몸무게에 대해 만족하느냐? 안 하느냐? 하는 것은 주변사람들과의 비교에서 나타난다."며 "특히 학력이 높을수록 더욱 그렇다."고 밝혔다.

연구팀은 또 "여성은 자신의 몸무게에 대한 만족을 남들과 비교해서 결정하지만 남성은 대부분이 비만인데도 불구하고 별로 걱정하지 않는다."고 말했다.

연구에 참여한 워릭대학 앤드류 오스월드 교수는 "비만이 단순히 음식의 문제라면 왜 날씬한 사람들은 부자 중에 더 많은 것일까?"라고 문제 제기를 한 다음 "사람들은 자신 주변의 비교 대상에 영향을 받고 그(비만) 기준이 계속 변한다."고 말했다.

그는 "지금까지 비만에 관한 연구들은 '게으른' 생활태도나 유전적 요인 또는 패스트푸드 등에서 그 원인을 찾아왔다."그러나 중요한 점은 비만의 증가는 사회적 현상과 관련이 있다고 말했다.

〈문화일보 2008. 10. 10. 김지아 기자〉

■ 다음 고민을 읽고 병의 종류와 해결방법을 알아봅시다.

> 부작용   암   빈혈   비만   불치병

(1)

베트남 사람인 란 씨는 한국 사람과 결혼을 해서 한국에서 살고 있습니다. 결혼을 하고나서 란 씨는 갑자기 살이 너무 많이 쪄서 고민하고 있습니다. 란 씨의 키는 158cm이고 몸무게는 80kg입니다. 보통 사람보다 키는 작지만 몸무게가 많이 나갑니다.

그리고 살 때문에 아기가 잘 생기지 않는 것 같습니다.

(2)

진희 씨는 못생긴 얼굴 때문에 어렸을 때부터 고민이 많았습니다. 친구들에게 놀림을 당할 뿐만 아니라 남자친구를 한 번도 사귄 적이 없습니다. 그것보다 더 큰 문제는 회사에 취직을 할 수 없다는 것입니다. 그래서 진희씨는 성형수술을 하기로 마음을 먹었습니다. 하지만 돈이 많이 모자랐습니다. 병원은 아니지만 성형을 해주는 곳이 있다고 해서 찾아갔습니다. 다행히 수술비도 아주 쌌습니다.

며칠 후, 진희 씨는 눈을 감을 수 없었습니다. 또 걸을 수도 없었습니다. 수술한 곳이 너무 아팠습니다. 병원에 가서 증상을 말했습니다. 의사는 깜짝 놀라며 다시는 걸을 수 없다고 말했습니다.

(3)

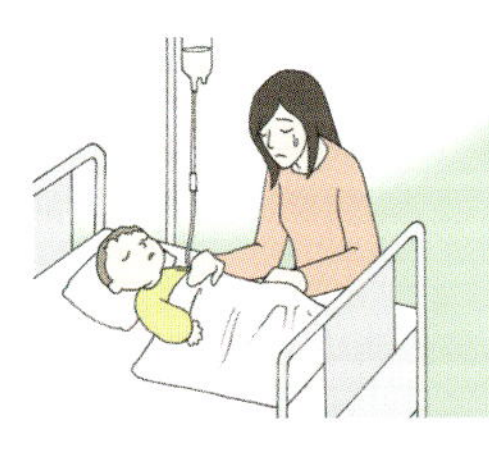

며칠 전 호지 씨는 결혼을 해서 예쁜 아기를 낳았습니다. 그러나 아기에게 아주 큰일이 일어났습니다.

세상에서 그 병에 걸린 사람이 10명도 되지 않는, 고칠 수 없는 병에 걸렸기 때문입니다. 호지 씨는 자신의 아기를 살리려고 노력하고 있지만 의사들은 힘들다는 말만 하고 있습니다.

나는 비만일까요? 나의 정상 몸무게는?

나의 표준체중은?

성별	남자 (　) 　여자(　)	
나의 키	(cm)	
표준 체중	남	(키(cm)−100)× 0.85=	
	여	(키(cm)−100)× 0.9 =	

비만도 측정하기

성별	남자 (　) 　여자(　)
나의 키	(cm)
현재 나의 체중	(kg)
표준 체중	(kg)
비만도	현재 나의 체중 / 표준체중× 100 = 　　%

저체중	정상체중	과체중	비만
20	25	30	

나의 비만 지수는 [　　　] (으)로 [　　　] 입니다.

맛있는 음식도 늘 먹으면 싫증이 난다

한국 사람이 많이 먹는 음식은 어떤 것이 있을까?

아마도 한국 전통 음식인 김치가 아닐까? 김치의 종류만 해도 여러 가지가 있다.

김치로 만든 요리 중에 무엇보다 김치찌개가 제일 인기가 있다. 그러나 김치찌개를 매일 먹는다면 사람들이 여전히 김치찌개를 좋아할까?

어느 주부가 김치찌개를 항상 똑같은 재료와 똑같은 요리 방법으로 끓여 준다면 가족들이 맛있게 먹을까? 아마 처음에는 아주 맛있게 먹겠지만 이 김치찌개가 사흘, 나흘 이어질 경우 가족들은 " 또 …. 김치찌개야..?" 하며 불평을 할 것이다.

이렇듯 아무리 좋고 맛있는 음식도 너무 자주 먹으면 그 맛에 싫증을 내게 된다. 마치 좋은 노래도 너무 많이 들으면 좋은 줄 모르게 되는 것처럼 말이다. 너무 많지도 않고 너무 적지도 않은 게 좋은 것 같다.

정보와 통신

· 통신수단에 따른 정보전달 방법을 표현할 수 있다.

· 정보화 시대의 장단점을 이야기할 수 있다.

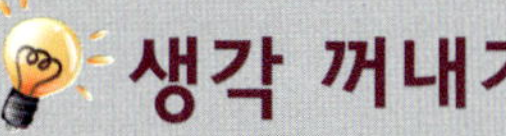 생각 꺼내기

◎ 여러분은 하루에 인터넷을 얼마나 많이 사용합니까?

◎ 우리들을 편리하게 해주는 물건은 어떤 것이 있습니까?

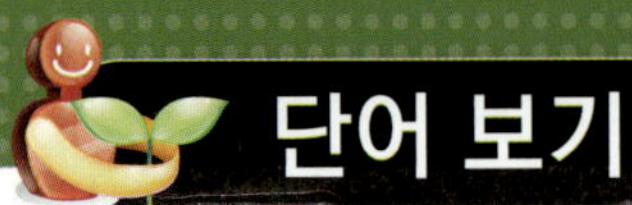

- 정보 통신이 발달하면서 여러 국가들의 **교류**가 활발해졌다.
- 현대에는 **기술**을 익히는 것이 취직하는데 도움이 된다.
- 정전이 되었다가 곧 **전기**가 들어왔다.
- 현대에는 **전자**를 이용한 사업과 물건들이 많이 있다.
- 요즘은 친구들과 전화보다 **메일**을 많이 이용한다.
- 현대에는 전자 통신 **미디어**가 매우 빠르게 발전하고 있다.
- 한 시간 동안 **인터넷**을 사용하는 요금은 3천원이다.
- 그 가수의 **홈페이지**를 방문하는 사람은 하루에 천 명 정도다.

과학	교류 기술 전기 전자
정보통신	메일 미디어 인터넷 홈페이지

- 인터넷 중독이 심해서 **사용하던** 인터넷을 **끊었다**.
- 현대에는 많은 정보들이 쏟아지므로 좋은 정보들을 **가릴** 수 있어야 한다.
- 빨간 불이 켜지면 전원이 **들어온** 겁니다.
- 소리가 안 나는 것을 보니 전원이 **꺼진** 것 같습니다.
- 찍은 테이프를 빼고 새것으로 **갈았다**.
- 짧은 기간동안 발전한 한국의 정보 통신 기술이 **놀랍다**.

인터넷	사용하다	끊다		
정보	가리다			
전원	들어오다	나가다	켜지다	꺼지다
테이프	끼우다	갈다	빼다	

- 우리는 전기로 움직이는 자동차를 **개발하기** 위해서 노력하고 있다.
- 정보 통신 기술의 **발달로** 우리 생활은 **편리해졌다**.
- 그러나 많은 사회문제들이 **발생한다**.
- 인터넷을 통해서 우리는 많은 정보들을 **검색한다**.
- 프린터를 컴퓨터에 **연결해서** 사용한다.
- 컴퓨터 통신의 발달로 전 세계 사람들과 정보 교환이 **가능하게** 되었다.
- 우리나라의 정보 통신 기술은 **우수하다**.
- **정확한** 정보를 알기 위해서는 인터넷이 필요하다.
- 인터넷에 **접속하면** 다양한 정보를 얻을 수 있다.
- 이 책에는 옛날 생활에 대한 정보들이 자세히 **기록되어** 있다.

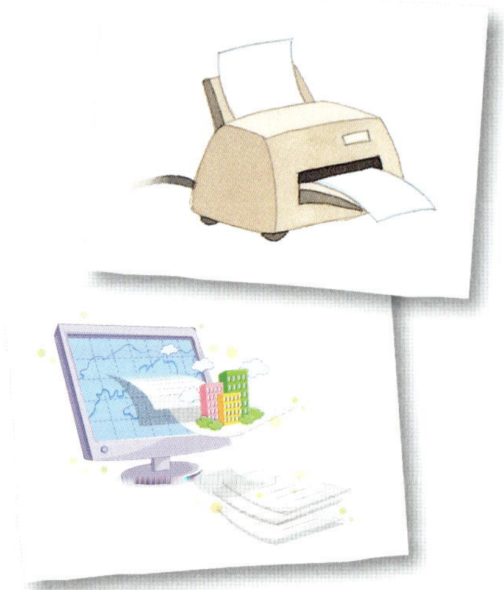

-하다	개발하다	기록하다	발달하다	발생하다	연결하다	검색하다
	접속하다	가능하다	우수하다	정확하다	편리하다	
-되다	연결되다	기록되다				
지다	편리해지다					

연습하기

1 다음 단어들과 바꿔 사용할 수 있는 것을 쓰십시오.

> 찾다　　다운로드　　웹서핑　　메일　　만들다　　아이디　　홈페이지　　인터넷

(1) 검색하다　➡

(2) 전자 우편　➡

(3) 자료를 받다　➡

(4) 누리집　➡

(5) 컴퓨터 통신망　➡

2 다음을 읽고 알맞은 단어를 고르십시오.

> 우수하다　　검색하다　　연결하다　　편리하다　　발달하다　　발전하다　　기록하다

(1) 최근에는 휴대폰으로 정보를 ＿＿＿＿＿＿(으)ㄹ 수 있다.

(2) 우리나라에는 ＿＿＿＿＿＿ㄴ/은 인재가 많다.

(3) 컴퓨터는 앞으로 계속 ＿＿＿＿＿＿(으)ㄹ 것이다.

(4) 정보 통신의 발달로 현대 생활이 많이 ＿＿＿＿＿＿아/어/여 졌어요.

(5) 이 선을 컴퓨터와 ＿＿＿＿＿＿아/어/여 보십시오.

(6) 산업이 ＿＿＿＿＿＿(으)면서 쓰레기도 많아졌어요.

(7) 그는 수첩에 떠오르는 생각들을 ＿＿＿＿＿＿아/어/여 두었다.

나는 인터넷 중독이 아닐까?

진단 목록

	4	3	2	1
1. 실제 생활에서도 인터넷에서 하는 것처럼 해보고 싶다.	4	3	2	1
2. 인터넷을 시작하면 쉽게 그만두지 않는다.	4	3	2	1
3. 인터넷을 할 때 마음대로 되지 않으면 짜증이 난다.	4	3	2	1
4. 인터넷을 하지 않을 때도 인터넷의 상황과 같다고 생각한 적이 있다.	4	3	2	1
5. 인터넷 때문에 가족이나 친구들과 싸운 적이 있다.	4	3	2	1
6. 인터넷을 하지 않으면 마음이 불안하고 허전하다.	4	3	2	1
7. 인터넷을 하기 위해서 가족과 다른 사람에게 거짓말을 하게 된다.	4	3	2	1
8. 인터넷 때문에 학교생활을 잘 할 수 없다.	4	3	2	1
9. 다른 활동은 잘 하지 않고 인터넷만 한다.	4	3	2	1
10. 인터넷을 하면 스트레스가 줄어든다.	4	3	2	1
11. 인터넷을 하느라 잠을 적게 자고, 자는 시간이 불규칙하다.	4	3	2	1

합 계	점

 ## 21점 미만

별도의 치료가 필요 없습니다. 인터넷을 자신의 흥미와 목적에 맞게 사용시간을 조절할 수 있습니다.

 ## 27점 미만

위험 사용자입니다. 효율적인 시간 관리가 필요합니다. 인터넷을 하는 사용시간이 늘어나고 혼자 보내는 시간의 대부분을 인터넷을 하고 있습니다. 주의 하십시오.

 ## 33점 미만

전문적인 상담이 필요합니다. 실제 가족, 친구 관계가 인터넷이 중심이 되어 있고 인터넷을 많이 사용하면서 일상생활의 문제도 발생하고 있습니다.

 ## 33점 이상

고위험사용자입니다. 전문 치료기관에서 집중 치료를 받아야합니다. 인터넷 사용을 자기 마음대로 조절하지 못하며 대부분의 시간을 인터넷에서 보내면서 잠, 식사를 제대로 하지 못하고 있습니다.

편리한 정보 전달매체

장점

단점

20 도로와 교통

· 교통수단에 관한 어휘와 표현을 익힌다.

· 교통 규칙을 이해하고 지킬 수 있다.

 **생각 꺼내기**

☺ 여러분은 교통사고가 난 적이 있습니까?

☺ 우리가 지켜야 할 교통 규칙은 무엇입니까?

단어 보기

- 학교가 **시내**에 있어서 출퇴근 시간마다 길이 막힌다.
- 이번 주말에는 기분 전환을 위해서 **시외**로 나가야겠다.
- 국도보다 **고속도로**를 이용하는 것이 편리하다.
- **건너편**으로 가려면 횡단보도를 이용해야 한다.
- **사거리**에서 오른쪽으로 돌면 병원이 있어요.
- **횡단보도**에서 신호가 바뀌기를 기다리고 있다.
- 운전 조심해, 어제 눈이 와서 도로가 **얼었어**.
- **신호등**이 녹색으로 바뀌면 길을 건너세요.
- 이 길은 집으로 가는 **방향**과 반대입니다.
- 지하도에서는 **출구**를 잘 찾아서 나가야 한다.
- 학교 앞이 **공사** 중이라서 시끄러워요.
- 운전을 할 때는 정해진 **속도**를 지켜야 한다.
- 길을 잘 모르니까 표지판이 **가리키는** 것을 잘 봐요.
- 구급차가 지나가니까 차들이 길을 **비켜** 주었다.
- 운전할 때는 절대로 **실수**를 하면 안 된다.
- **신호**를 보지 않고 건너면 **신호위반**으로 벌금을 내야 한다.
- 교통 **사고**가 난 것을 가장 먼저 **발견**한 사람이 누구예요?
- 저에게는 자전거가 **자가용**이에요.
- 택시 **운전기사**에게 길을 물어보는 것이 좋겠다.
- 운전 **초보자**는 **교통질서**를 꼭 지켜야 한다.

도로	시내	시외	고속도로	건너편	사거리	횡단보도	얼다
교통지시	신호등	방향	출구	공사	속도	가리키다	비키다
교통사고	실수	위반	발견	신고			
운전	자가용	운전기사	초보자	질서			

- 차를 **몰려면** 운전면허증을 따야 한다.
- 사고 난 차를 견인차로 **끌고** 갔다.
- 갑자기 차가 고장이 나서 어쩔 수 없이 뒤에서 **밀었다.**
- 죄송하지만 이곳에 **주차하면** 안 됩니다.
- 길이 너무 막혀서 지하철로 **갈아탔다.**
- 경찰이 신호를 위반하고 **도망가는** 차를 **따라가서** 결국 잡았다.
- **졸면서** 운전하다가 앞에서 오는 차와 **부딪쳐서** 사고가 났다.
- 운전을 할 때는 무슨 일이 있어도 **당황하면** 안 된다.
- 친구가 사고가 났다는 소식을 듣고 모두들 **슬퍼했다.**
- 환자는 수술을 했지만 **안타깝게** 다음 날 죽었다.
- 교통사고로 부모님을 잃은 아이들이 너무 **불쌍하다.**
- 교통사고로 한 가정이 **불행해** 질 수 있다.

차	몰다	끌다	밀다	주차하다	갈아타다	따라가다	부딪치다
교통사고	당황하다	슬퍼하다	도망가다				
아이, 가족	안타깝다	불쌍하다	불행하다				
피곤	졸다						

- **승용차**로 출퇴근하는 사람이 많아졌다.
- 우리 집에서는 **자동차** 운전을 못하는 사람이 없다.
- 손님, **열차** 내에서는 금연입니다.
- 남자가 **주차**를 잘하면 멋있어 보인다.
- 해마다 **시내버스** 요금이 오른다.
- 매일 아침 9시에 오는 **통학버스로** 학교에 간다.
- 서울에서 부산까지 **고속버스**로 5시간 정도 걸린다.
- 공항에 가려면 **공항버스**를 이용하는 것이 편리하다.
- 우리가 이용하는 **대중교통**에는 버스, 지하철 등이 있다.
- **교통사고**가 안 나려면 **교통신호**를 잘 지켜야 한다.

차	승용차　　자동차　　열차　　주차		
버스	시내버스　　통학버스　　고속버스　　공항버스		
교통	대중교통　　교통사고　　교통신호		

1 다음 그림을 보고 아래에 제시된 곳을 찾으십시오.

사거리　　신호등　　횡단보도　　정류장

2 다음을 읽고 알맞은 단어를 고르십시오.

졸다　　공사　　사고　　당황하다　　신호등　　초보

(1) 가 : 이 횡단보도는 __________이/가 없나 봐요?

　　나 : 네. 그래서 밤늦은 시간에 횡단보도를 건널 때는 조심해야 해요.

(2) 가 : 요즘 여기는 왜 이렇게 차가 막히죠?

　　나 : 도로 __________이/가 한창이라서 그런가 봐요.

(3) 가 : 저는 아직 운전이 __________(이)라서 항상 걱정이에요.

　　나 : 무슨 일이 생기더라도 __________지말고 침착하게 행동하세요.

(4) 가 : 어쩌다가 __________이/가 났어요?

　　나 : 운전하다가 깜빡 __________아/어서 신호를 보지 못했대요.

3 다음 글을 읽고 빈칸에 알맞은 단어를 찾아 쓰십시오.

25일 오후 5시 반쯤 광안대교 앞 네거리에서 구급차와 버스가 ____(1)____ ㄴ/는 사고가 발생했다. 이 사고로 구급차 운전자가 숨지고 버스 승객 5명이 크게 ____(2)____ 아/어서 병원으로 옮겨져 치료를 받고 있다.

경찰은 구급차 운전자가 환자를 태우고 급히 가느라고 ____(3)____ 을/를 제대로 보지 않고 달리다가 건너편에서 오는 버스를 보지 못한 것 같다고 말했다.

지난 17일 오후 10시쯤 교통사고를 내고 ____(4)____ 던 장씨가 한강으로 뛰어내렸다. 장씨는 이날 오후 9시 35분쯤 경기도 부근에서 자신이 ____(5)____ 던 자동차로 신호를 기다리던 승용차 3대를 들이받은 뒤 서울 방향으로 도망갔다. 이 때 신고를 받은 경찰차가 따라오자 ____(6)____ ㄴ/는 장씨는 차를 버리고 한강으로 뛰어내렸다.

| 신호 부딪치다 당황하다 다치다 도망가다 운전하다 |

(1) ____________   (2) ____________

(3) ____________   (4) ____________

(5) ____________   (6) ____________

■ 다음을 읽고 누가 잘못했는지 여러분의 생각을 말해 봅시다.

아침 출근길이었던 A씨는 자동차를 운전하다가 아파트 앞에서 길을 건너는 B씨를 치는 사고를 냈다. 그렇게 빠르게 달리고 있지는 않았기 때문에, 내려서 B씨에게 "괜찮으세요?"라고 물었다. B씨는 "네, 괜찮아요."라며 먼지를 털고 일어났다. A씨는 안심하고 출근을 했다.

그런데 다음날, 집으로 경찰이 A씨를 찾아와서 교통사고를 내고 도망갔다고 하는 것이다. 이게 어떻게 된 일인가?

C씨는 택시 운전기사이다. 어느 날 손님을 태우고 가고 있는데, D씨는 은행에서 돈을 찾아 나와서 오토바이로 출발하려고 했다. D씨는 급하게 오토바이를 출발하려다가 택시 앞바퀴에 부딪쳐서 넘어졌다. 아무것도 모르는 C씨는 D씨가 실수로 넘어진 줄 알고, 운전을 계속 했다. 이 후에, D씨는 경찰에 사고 신고를 했고 C씨에게 치료비와 벌금이 부과되었다.

열 번 찍어 안 넘어가는 나무 없다

"열 번 찍어 안 넘어 가는 나무 없다." 라는 말을 연애에 관련하여 이야기하면 재미있다. 여기서 나무는 관심을 두는 사람을 말하는데 보통 남자가 여자를 끈질기게 쫓아다닐 때 쓰면 더 효과적인 표현이 된다. 여자가 맘에 드는 남자에게 관심을 보일 때, 대부분의 남자는 자신이 마음에 들지 않으면 여자가 관심을 보이고 잘해 주어도 마음이 흔들리지 않는다. 반면에 여자는 처음에는 마음에 들지 않았지만 남자가 계속 관심을 보이고 잘해주는 모습을 보이면 조금씩 마음이 흔들린다는 것이다.

하지만 요즘은 마음에 드는 여자를 끈질기게 쫓아다니는 남자를 찾기란 어렵다. 한두 번 정도 접근해보고 여자가 나에게 관심을 보이지 않으면 쉽게 포기해 버린다. 따라서 나에게 관심을 보이는 남자가 마음에 든다면 너무 튕기지 말고 여자도 약간의 관심을 표현하는 것이 좋을 듯하다.

도덕과 규칙

학습목표
· 사회에서 지켜야 할 규칙을 어휘로 표현할 수 있다.
· 상황에 맞는 규칙을 제시할 수 있다.

 생각 꺼내기

◎ 한국에서 생활을 하면서 지켜야 할 규칙이 있습니까?
◎ 여러분 나라와 한국의 규칙을 비교해봅시다.

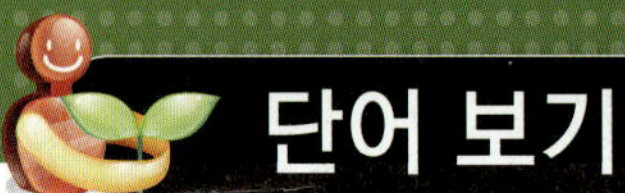

- 상황에 따라서 지켜야 할 **예절**이 다르다.
- 제가 먼저 **인사**하겠습니다.
- **절**은 존경의 표시이다.
- 부모님께 **효도합시다**.
- 윗사람에게 **옳은** 말을 하기는 어렵다.
- 제 동생은 사람들 앞에서 **부끄러움**을 많이 타요.
- 버스에서 어른에게 자리를 **양보**했어요.
- 한번 **신용**을 잃으면 회복하기가 어렵다.
- 부모는 아이들을 보살필 **의무**가 있다.
- 공무원은 **모범**이 되는 행동을 해야 한다.
- 이곳에 주차를 하면 **불법**입니다.
- 지각을 하는 사람은 **벌금**을 내기로 했다.
- **파출소**에 들어가서 길을 물어보세요.
- 부산시는 **시민**을 위해서 공원을 만들기로 했다.
- 학급 운영을 학생들의 **자율**에 맡겼다.
- 말보다는 **실천**이 중요하다.
- 손을 깨끗이 씻으면 감기가 **예방**된다.
- 서는 주차 금시 **표시**를 못 봤는네요.
- 쓰레기통이 없어진다면 많은 **불편**이 생길 것이다.

도덕	예절	인사	절	효도하다	착하다	옳다	부끄러움	양보	신용
법	의무	모범	불법	벌금	파출소				
	시민	자율	실천	예방	표시	불편			

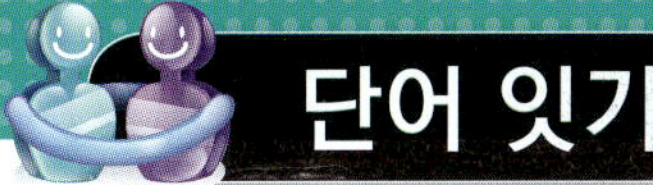

단어 잇기

- 이 법에 **반대하는** 사람도 있고 **찬성하는** 사람도 있다.
- 왕안은 내 의견에 **맞서** 반대의견을 내놓았다.
- 나는 부모님 말에 **반하는** 일은 하지 않을 것이다.
- 한글을 만든 날을 기념하기 위해서 한글날이 **정해졌다**.
- 이번 새 법에 **적용받는** 사건은 무엇일까요?
- 부모님은 어렸을 때부터 도덕과 규칙을 **지키도록** 했다.
- 신호를 위반해서 교통경찰에게 **걸렸다**.
- 새 학기가 되어도 학교 규칙은 **바뀌지** 않는다.
- 나라의 경제문제가 **확대되고** 있다.
- 우리 사회에서 범죄를 완전히 **없애려면** 어떤 방법이 있을까요?
- 교통사고가 나서 면허가 **취소되었다**.
- 사회변화를 **요구하는** 국민들의 목소리를 무시해서는 안 된다.
- 교실에서는 교실 규칙을 꼭 지켜주기 **바란다**.
- 우리는 법이 **시키는** 대로 따라야한다.

말, 의견, 법	찬성하다	반대하다	맞서다	반하다				
법, 규칙	정해지다	적용받다	지키다	걸리다	바뀌다	확대되다	없애다	취소되다
변화	요구하다	바라다						
하다	시키다							

- **공공장소**에서는 담배를 피우지 맙시다.
- 공공장소에서 **공공규칙**을 잘 지킵시다.
- **공공시설**을 내 물건처럼 아껴 씁시다.
- 제 의견에 **찬성하는** 사람은 손을 들어 주세요.
- 오늘 뉴스에서 발표한 법은 내년부터 **적용하는** 거래요.
- 신청한 강의를 **취소하려면** 어떻게 해야 합니까?
- 저에게 너무 많은 것을 **요구하지** 마세요.

공공	공공장소	공공규칙	공공시설				
-하다	찬성하다	반대하다	반하다	적용하다	확대하다	취소하다	요구하다
-되다	확대되다	취소되다					

1   다음 중 서로 관계있는 것끼리 이으십시오.

     (1) 시민 •　　　　　　　　　　　• 시에 살고 있는 사람

     (2) 공공 •　　　　　　　　　　　• 다른 사람이 배울 만한 행동

     (3) 신용 •　　　　　　　　　　　• 모든 사람에게 이익이 되는 일

     (4) 모범 •　　　　　　　　　　　• 법에 맞지 않는 행동

     (5) 불법 •　　　　　　　　　　　• 약속을 지킬 수 있다고 믿는 것

2   다음 ⟨　　⟩ 안에 있는 단어의 의미를 말해봅시다.

     ⟨ 시민의식 ⟩ : 우리 국민 모두가 시민의식을 가져야 한다.

     ⟨ 공공기관 ⟩ : 공공기관은 우리에게 편리함을 줍니다.

     ⟨ 공공시설 ⟩ : 공공시설을 아껴 씁시다.

     ⟨ 모범택시 ⟩ : 모범택시는 요금이 비쌉니다.

     ⟨ 산불예방 ⟩ : 불이 나지 않도록 미리 산불예방을 합시다.

     ⟨ 예방주사 ⟩ : 겨울에는 독감 예방주사를 꼭 맞아야 합니다.

1 다음 밑줄 친 단어와 바꿔 쓸 수 있는 단어를 찾아 쓰십시오.

> 제거하다   관련   실행하다   막다

(1) 옷의 얼룩을 <u>없애려면</u> 세탁소에 맡기세요.　➡

(2) 냉장고는 더운 날씨에 음식이 상하는 것을 <u>방지합니다</u>.　➡

(3) 아침 운동을 하겠다고 결심했지만 <u>실천하지</u> 못했습니다.　➡

(4) 이번 사건은 나와는 아무런 <u>연관</u>이 없어요.　➡

2 다음 문장 중에서 <u>다른 의미</u>를 가진 문장을 찾아보십시오.

(1) 걸리다

☐ 책상 옆에 멋있는 그림이 <u>걸려</u> 있다.

☐ 민수는 음식점 벽에 <u>걸려</u> 있는 메뉴를 쳐다보았다.

☐ 생선을 먹다가 목에 가시가 <u>걸려</u> 혼이 났다.

☐ 할아버지 댁은 기차로 세 시간이나 <u>걸렸다</u>.

(2) 반하다

☐ 유미는 같은 반 남학생에게 <u>반해</u> 사귀게 되었다.

☐ 저는 그 사람의 목소리에 <u>반했습니다</u>.

☐ 지하철은 빠르고 좋은 데 <u>반해</u> 사람이 많은 편이에요.

☐ 한국문화에 <u>반해서</u> 한국에서 살기로 했어요.

(3) 시키다

☐ 왜 나한테만 일을 <u>시키는</u> 거야?

☐ 선생님은 나에게 책을 가져오라고 <u>시키셨다</u>.

☐ 우리는 술과 안주를 <u>시켰다</u>.

☐ 어머니는 나에게 약을 사오라고 <u>시켰다</u>.

■ 공공장소에서 지켜야 할 규칙을 □ 안에서 찾아 쓰십시오.

- 손뼉을 크게 친다.
- 문화재, 시설을 아낀다.
- 담배를 피우지 않는다.
- 큰소리로 노래를 부른다.
- 나무, 꽃 잔디를 보호한다.
- 먹은 쓰레기는 자기가 치운다.
- 의자에 눕거나, 신발을 신고 올라간다.

- 휴대 전화를 끈다.
- 사진을 찍지 않는다.
- 전화는 조용히 받는다.
- 앞 의자를 발로 찬다.
- 작품을 마음대로 평가한다.
- 큰소리로 전화 통화를 한다.
- 나무에 올라가서 사진을 찍는다.

1. 공공장소에서 휴대 전화를 사용할 때 지켜야 할 규칙

2. 박물관 , 미술관, 영화관에서 지켜야 할 규칙

3. 공원에서 지켜야 할 규칙

■ 다음 글을 읽고 해결방법을 서로 이야기해 봅시다.

내가 다니는 학교에 아침마다 경찰 아저씨들이 와서 운동을 한다. 운동을 하는 것은 좋은데, 문제는 그 아저씨들이 올 때마다 음료수와 과자 등을 먹은 뒤 쓰레기를 학교 의자에 그대로 두고 간다는 것이다. 우연히 일찍 학교에 갔다가 그 모습을 보게 됐다. 친구들도 이미 그런 모습을 보았는지 똑같은 이야기를 한다. 누구보다도 공중도덕을 지켜야 할 경찰이 어떻게 그렇게 하는지 이해가 안 된다. 다른 사람들의 질서와 공중도덕을 지키도록 애써야 하는 사람이 바로 경찰이다. 그래서 이런 경찰 아저씨들이 너무 실망스럽다. 어떻게 하면 깨끗하게 우리 학교를 지킬 수 있을까?

작년 가을 단풍을 보러 설악산에 가는 길에 휴게소에 들렀다. 남자 화장실을 들어가려고 하니까 여자들이 길게 줄을 서서 시끄럽게 이야기를 하는 것이었다. 깜짝 놀라서 내가 여자 화장실에 잘못 들어간 거구나 하고 자세히 살펴봤다. 그러나 그 곳은 분명 남자 화장실이었다. 밖에선 남자들이 그 모습을 바라보고 당황해 했다. 관광버스 몇대로 나누어 타고 단풍놀이 갔던 여자들이 한꺼번에 휴게소에 오면서 여자 화장실이 만원이 되자 남자 화장실까지 차지해 버린 것이다.

나는 결국 화장실에 가지 못했다. 다음 휴게소에 가서 볼 일을 보았지만 그 때의 황당한 기억은 오래도록 기억에서 사라지지 않았다.

[1~5] 다음 문장을 읽고 '-질' 형태의 한 단어로 쓰십시오.

1	가위로 물건을 자르는 일	➡
2	다리미로 옷을 다리는 일	➡
3	칼로 채소를 써는 일	➡
4	걸레로 바닥을 닦는 일	➡
5	손가락으로 사람을 가리키는 행동	➡

[6~10] 다음 문장에 공통으로 들어갈 단어를 고르십시오.

6
방학이 되면 친구들과 (   )아/어/여 여행을 가고 싶다.
새로 산 정장이 내게 잘 (   )지 않는 것 같다.
저는 성격이 좋아서 어느 곳에 있든지 잘 (   )ㄴ/는 편이에요.

① 사귀다　　　② 어울리다　　　③ 맞다　　　④ 생활하다

7
오늘은 날씨가 맑아서 빨래가 잘 (   ).
말을 많이 했더니 목이 (   )아/어/여서 물을 마시고 싶다.
한 달 동안 시험공부를 해서인지 몸이 많이 (   ).

① 마르다　　　② 건조하다　　　③ 아프다　　　④ 나쁘다

8
두통에 잘 (   )ㄴ/는 약이 뭐죠?
오늘 부모님께 야단을 (   )아/어/여서 기분이 안 좋다.
내 이름을 부르는 소리를 (   )고 뒤를 돌아보았다.

① 치다　　　② 타다　　　③ 듣다　　　④ 부르다

9

옷을 잘 차려입었으면 구두도 깨끗하게 (　　　)아/어라.
당신의 눈물을 (　　　)아/어/여 줄 사람은 당신 옆에 있는 사람이에요.
우리 고향은 도로를 (　　　)(으)ㄴ 후 몰라보게 발전했다.

① 씻다　　　　② 치우다　　　③ 닦다　　　④ 쓰다

10

아버지는 택시를 (　　　)ㄴ/는 운전기사이다.
지금까지의 기세를 (　　　)아/어/여 우승을 차지하자.
현장에 있었다는 이유로 경찰은 그를 살인범으로 (　　　)았/었다.

① 몰다　　　　② 끌다　　　③ 잡다　　　④ 보다

[11~13] 다음 문장을 읽고 알맞은 단어를 쓰십시오.

11　　　나다　　　나오다

(1) 얼굴에 여드름이 (　　　)았다.

(2) 그 여자는 결국 약속 장소에 (　　　)지 않았다.

(3) 요즘 유명한 연예인이 많이 (　　　)는 방송이 뭐죠?

(4) 어제 밤을 샜더니 코피가 (　　　)았다.

(5) 신문에 (　　　)는 기사는 사실이 아니다.

(6) 어디서 이상한 냄새가 (　　　)았다.

12　　　까다　　　벗기다　　　깎다

(1) 김장을 하기 전에 마늘을 충분히 (　　　)아/어/여 두세요.

(2) 사과를 참 예쁘게 (　　　)ㄴ/는다.

(3) 조개나 새우는 껍질을 (　　　)ㄴ/는 것이 더 비싸다.

(4) 군대에 가기 전에 머리를 (   )아/어/여야 한다.

(5) 어머니는 아이의 젖은 옷을 (   )았/었다.

(6) 한국 사람은 목욕탕에서 때를 (   )아/어/여야 시원하다.

13

| 관람하다   감상하다 |

(1) 미술관 앞 광장에서 여러 가지 조각품을 (   )(으)ㄹ 수 있다.

(2) 오랜만에 야외에 나와서 경치를 (   )(으)니까 참 좋다.

(3) 나는 야구장에서 경기를 (   )ㄴ/는 것을 좋아한다.

14 다음 밑줄 친 단어의 반대되는 말을 쓰십시오.

(1) 컴퓨터를 다 사용한 후에는 전원을 <u>꺼</u> 주십시오. ➡

(2) 수술을 한 후로 피가 <u>멈추지</u> 않아서 큰일이다. ➡

(3) 등산할 때 신발끈을 단단히 <u>묶지</u> 않으면 위험하다. ➡

(4) 교통신호를 <u>어기면</u> 벌금을 내야 한다. ➡

(5) 물에 빠진 아이를 <u>살리기</u> 위해 한 사람이 뛰어들었다. ➡

15 다음 (   )에 알맞은 동사를 고르십시오.

(1) 오늘은 귀찮으니까 간단하게 라면이나 (   )어 먹자.

   ① 끓다　　　　　　　　　② 끓이다

(2) 여름이 되면 해변에서 피부를 (   )는 사람들이 많다.

   ① 타다　　　　　　　　　② 태우다

(3) 살이 쪄서 입던 옷을 모두 (   )어야 한다.

　① 늘다　　　　　　　　　　② 늘이다

(4) 나는 여행하는 동안의 일정을 모두 수첩에 (   )았/었다.

　① 기록하다　　　　　　　　② 기록되다

[16~20] 다음 글을 읽고 ( ) 안에 들어갈 말을 고르십시오.

16　(   )은/는 길쭉한 모양의 야채입니다. 겉에는 초록색의 껍질이 있으며, 여드름이 난 것처럼 오톨도톨합니다. 이것은 요리를 해서 먹기도 하지만 요리를 하지 않고 먹기도 합니다. 특히 이것에는 수분이 많아서 마사지 재료로 사용하는 사람들도 많습니다.

　① 당근　　　　② 감자　　　　③ 양파　　　　④ 오이

17　현대 생활을 살아가는 데 있어 (   )은/는 아주 중요합니다. 이것을 잃게 되면 은행에서 돈을 빌리거나 다른 사람에게 도움 받는 일이 어려워집니다. 특히 은행에서 돈을 빌려 갚지 못하거나 거짓말을 많이 하는 사람들이 이것을 잃기 쉽습니다.

　① 시민　　　　② 불법　　　　③ 신용　　　　④ 모범

18　어제 한국인 친구가 잘 아는 음식점이 있다고 해서 같이 갔다. 그 곳은 뚱뚱한 아주머니가 혼자 운영하는 작은 가게였다. 친구는 자리에 앉자마자 " (   ), 여기 김치찌개 두 그릇이요!"라고 했다. 나는 깜짝 놀라서 "여기가 너희 (   )집이야?" 하고 물었다. 친구는 웃으면서 대답했다. "아니, 한국에서는 식당에서 아주머니를 부를 때 (   )라고 해."

　① 어머니　　　② 언니　　　③ 이모　　　④ 고모

19 　사람들은 유행에 맞춰 옷을 입는 경우가 많다. 그러나 요즘처럼 경기가 안 좋을 때에는 유행이 지난 옷이라도 자신의 취향에 맞게 (　　　　)하여 입기도 한다.

① 골라서　　　　　② 수리해서　　　　　③ 바꾸어서　　　　　④ 수선해서

20 　지난 10일 오후 1시부터 5시간 동안 서울시청 앞에서 김모 씨가 1인 시위를 했다. 김모 씨는 취재를 나온 기자들에게 쇠고기 수입 문제에 대한 정부의 의견에 (　　　　)기 위하여 시위를 한다고 말했다.

① 찬성하다.　　　　　② 반대하다.　　　　　③ 동의하다.　　　　　④ 취소하다.

문화

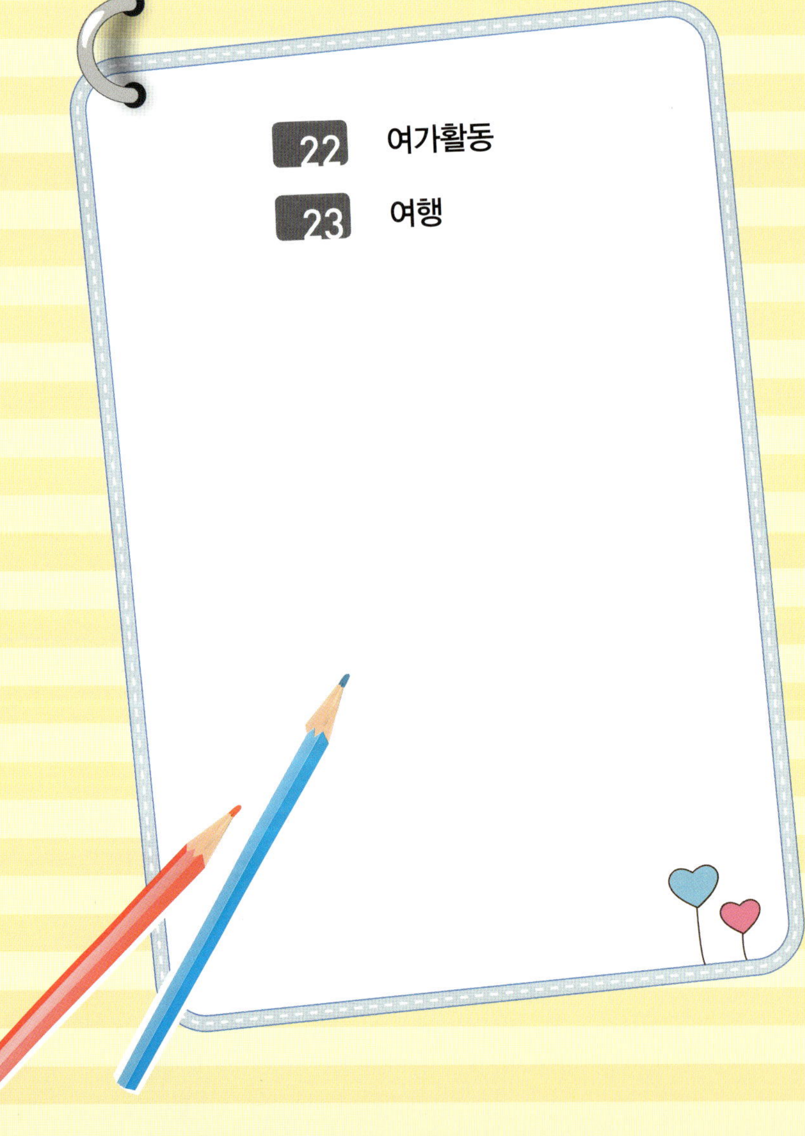

22 여가활동

· 여러 가지 운동과 오락에 관한 어휘를 익힌다.
· 자신의 여가활동 경험을 소개할 수 있다.

 ## 생각 꺼내기

☺ 경기장에 가서 운동경기를 관람한 적이 있습니까?

☺ 스트레스를 풀기 위해 즐기는 운동이나 오락이 있습니까?

- 너는 키가 커서 **농구**를 잘 하겠다.
- 나는 고등학교 때 **배구** 선수였다.
- 인도네시아 사람들은 **배드민턴**을 좋아한다.
- **골프**는 **골프장**에 안 가더라도 칠 수 있다.
- 그 영화는 **권투** 선수가 주인공으로 나온다.
- 운동 후 피로를 푸는 데는 **마사지**가 최고다.
- 오늘부터 열심히 운동하려고 **운동복**을 한 벌 샀다.
- **낚시**로 잡은 물고기를 그 자리에서 회를 떠 먹었다.
- 한국은 봄에는 벚꽃**놀이**, 가을에는 단풍**놀이**를 즐긴다.
- 규칙적으로 식사를 하면 **다이어트**는 할 필요없다.
- 노래방에서 **가요** 몇 곡을 불렀다.
- 춤을 잘 추려면 **리듬**을 타야 한다.
- 길을 걸어가는데 어디선가 익숙한 **노랫소리**가 들렸다.
- 이번 주말에 시간 있으면 **공연** 보러 가자.
- **관객**들은 눈을 감고 연주를 **감상했다**.
- 유럽에서는 **올림픽**보다 **월드컵** 경기가 더 인기가 있다.
- 이번 경기에 나가려면 **체중**을 조절해야 한다.
- 경기에 나가는 선수늘은 보누 약불**검사**를 해야 한다.
- **관중**들은 크게 **소리치면서** 선수들을 응원했다.

취미	운동	농구	배구	배드민턴	골프	골프장	권투
		마사지	운동복	낚시	놀이	다이어트	즐기다
	음악	가요	리듬	노랫소리	공연	관객	감상하다	즐거워하다
경기		월드컵	올림픽	관중	체중	검사	최선	소리치다

- 이번 올림픽은 어느 도시에서 **열려요?**
- 오늘은 주말이라 표를 **예매하지** 않으면 안 돼.
- 후세인은 최선을 다 했지만 상대를 **이길** 수 없었다.
- 우리 팀이 3:2로 **우승했다.**
- 야구에서는 공을 던지는 것보다 **치는** 것이 중요하다.
- 우리 팀이 마지막에 공을 **넣어서** 역전승을 했다.
- 민수는 학교 다닐 때 공 **던지기** 선수였다.
- 왕안은 옆에서 누군가가 팔을 **당기는** 바람에 넘어졌다.

경기	열리다 예매하다 이기다 우승하다 관람하다
공	치다 넣다 던지다 주다 받다
팔, 의자	당기다

단어 늘리기

- 나오코는 무슨 큰일이 난 것처럼 우리에게 **뛰어왔다**.
- 준비 운동 없이 물에 **뛰어드는** 것은 매우 위험하다.
- 왕안은 화가 난 듯 교실에서 **뛰어나갔다**.
- **극장**에 전화해서 표를 예매하세요.
- 시간이 있으면 새벽에 **운동장**으로 나오세요.
- 이 축구장은 2002년에 월드컵 **경기장**으로 사용되었다.
- 이번 겨울방학에 **스키장**에 가서 스키를 배울까?
- 야구를 보러 사직 **야구장**에 갔다.
- 스트레스를 풀기 위해 가끔 **노래방**에 간다.
- 피곤할 때는 **찜질방**에서 땀을 내는 것이 최고다.

뛰다	뛰어오다 뛰어들다 뛰어나가다 뛰어다니다
장	극장 운동장 경기장 스키장 야구장
방	노래방 찜질방

1. 다음을 보고 생각나는 단어를 써 봅시다.

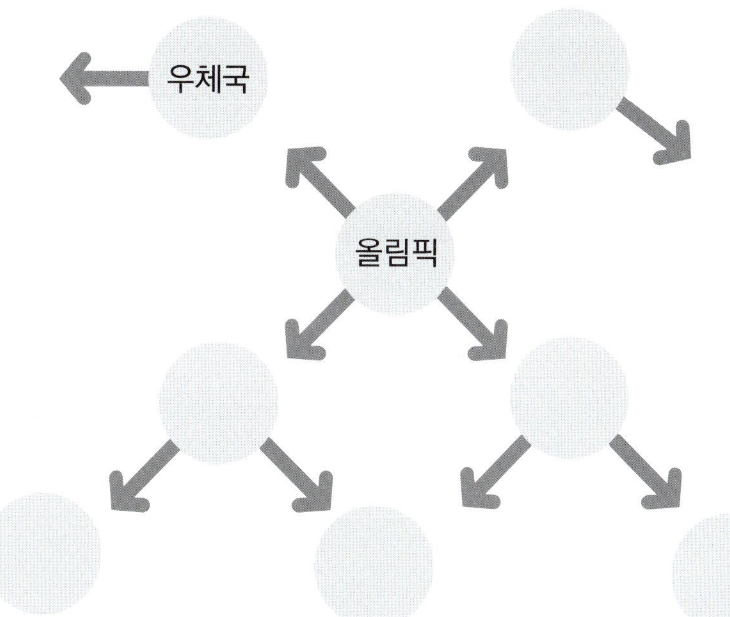

2. 다음 중 서로 관계있는 것끼리 이으십시오.

(1) 월드컵 •		• 늘다
(2) 입장권 •		• 열리다
(3) 공연 •		• 예매하다
(4) 경기 •		• 이기다
(5) 체중 •		• 감상하다

3 다음 대화가 이루어지는 장소를 찾아 쓰십시오.

> 노래방　골프장　공연장　낚시터　축구경기장　운동장

(1)

　　가 : 오늘 많이 잡으셨어요?

　　나 : 아뇨, 날씨는 좋은데 잘 안 잡히네요.

(2)

　　가 : 이번에 우리 팀이 한 골 넣었으면 좋겠다.

　　나 : 맞아. 오늘 이기면 우리 팀이 우승인데.

(3)

　　가 : 즐겨 부르는 노래라도 있으세요?

　　나 : 아뇨. 저는 노래를 못해서 뭘 불러야 할 지 모르겠어요.

(4)

　　가 : 오늘 바람이 많이 불어서 공이 잘 안 나가네요.

　　나 : 잘 치고 계시면서 뭘 그러세요?

(5)

　　가 : 오늘 연극 어땠어요, 재미있었어요?

　　나 : 옆 사람이 시끄럽게 해서 제대로 감상을 못 했어요.

4 다음을 읽고 알맞은 단어를 쓰십시오.

> 말소리　노랫소리　공연　경기　구경　감상

> ### "공연장에서 체험하자!"
>
> 　요즘 ___(1)___ 을/를 즐기면서 체험도 할 수 있는 작품들이 많다. 그 중 〈난타 체험전〉은 소리와 관련된 체험 프로그램이다. 소리 동굴에 들어가 두드리는 몸의 부분에 따라 달라지는 소리를 느끼는 '내 몸의 소리를 찾아서', 자신의 ___(2)___ (으)로 벨소리를 만들어보는 '내가 부르는 벨소리' 등이 있다.
>
> 　또 소리가 없는 애니메이션에 자신의 목소리를 녹음해서 새로운 작품으로 만들고, 콩과 같은 곡류로 자신만의 악기를 만들기도 한다. 또한 10여 분 간 공연하는 〈난타〉 작품도 ___(3)___ 한다.

(1)　　　　　　　　　　(2)　　　　　　　　　　(3)

■ 다음 문장을 읽고 경험이 있으면 ○, 없으면 X 하십시오.

(1) 골프장에서 골프를 친 적이 있다.　　　　　　　　　（　　）

(2) 벚꽃놀이나 단풍놀이를 간 적이 있다.　　　　　　　（　　）

(3) 다이어트를 하다가 쓰러진 적이 있다.　　　　　　　（　　）

(4) 많은 사람들 앞에서 노래를 부른 적이 있다.　　　　（　　）

(5) 경기장에서 소리치면서 응원을 한 적이 있다.　　　　（　　）

(6) 노래방에 가서 한국노래를 부르면서 춤을 춘 적이 있다.　（　　）

■ 위의 경험을 언제 어디에서 했는지 서로 이야기해 봅시다.

	나의 경험	친구의 경험
언제		
어디서		
무엇을		
어떻게		

하늘의 별 따기

저는 경영학과에 다니는 대학생인데요…….
대기업에 취직하기가 그렇게 어려운가요?
얼마나 어려운지 설명 좀 해주세요.

RE

ㄴ, 대기업에 들어가기는 정말 힘들어요. 서울에서 유명한 대학 출신이 아니면
성적이 아주 좋아야 합니다. 그러니까 정말 열심히 공부해야 합니다.

RE

ㄴ, 대기업에 들어가려면 학점이 4점 이상이어야 하고,
그리고 영어는 기본, 외국어능력, 자격증 등이 있어야 합니다.

RE

ㄴ, 남자라면 26~28살 정도, 여자라면 좀 더 빠른 나이에 공인 영어
성적이 900점 정도의 고득점을 받아야 한다고 들었습니다.
중소기업이 아니라 대기업이라면 고등학교 때보다 더욱 열심히
공부를 하셔야 될 거에요.

RE

ㄴ, 어휴~
정말 대기업에 취직하기는 하늘의 별 따기네요   .

여행

· 여행지에서의 환경과 상황을 표현할 수 있다.
· 자신의 여행 경험을 이야기할 수 있다.

 ## 생각 꺼내기

◎ 여러분은 친구와 여행을 한 적이 있습니까? 기억에 남는 여행을 이야기해 봅시다.

◎ 여행을 하면 어떤 좋은 점들이 있습니까?

- 이번 여행은 예상한 것 보다 **비용**이 많이 들었다.
- 저희 여행사는 휴가철 한 달 전부터 **예약**을 받습니다.
- 이번 여행에서는 **일정**에 쫓겨 기념품을 하나도 사지 못했어요.
- 여행이 **예정**보다 길어질 것 같아요.
- 친구들과 처음으로 가는 여행이라서 **기대**가 크다.
- 중국 여행을 하고 싶은데 비행기 표를 살 돈이 **모자란다**.
- 여행비용을 **마련하기** 위해 아르바이트를 했다.
- 유럽여행은 내가 **상상한** 것과는 너무 달랐다.
- 제가 부산 시내를 **가이드** 할게요.
- 한 시간 정도 **여유**를 두고 공항으로 출발하세요.
- 경험을 **넓히기** 위해서 외국 여행을 다녀오려고 해요.
- 여행 장소에 도착하자 사람들의 시선이 모두 경복궁으로 **모였다**.
- 여러 곳을 여행하다 보니 견문이 많이 **넓어졌다**.
- 이곳에서 소원을 빌면 소원이 이루어진다고 **알려져 있다**.
- 친구들과 제주도에 여행을 갔던 것이 **기억**에 남는다.
- 여행은 사람들에게 많은 **추억**을 만들어 준다.
- 이 사진을 보니 한국을 여행했던 추억이 **떠올랐다**.
- 여행한 날들을 **돌아보며** 많은 것을 새롭게 알게 되었다.
- 집을 떠나 있으니까 가족들이 더 **그립다**.

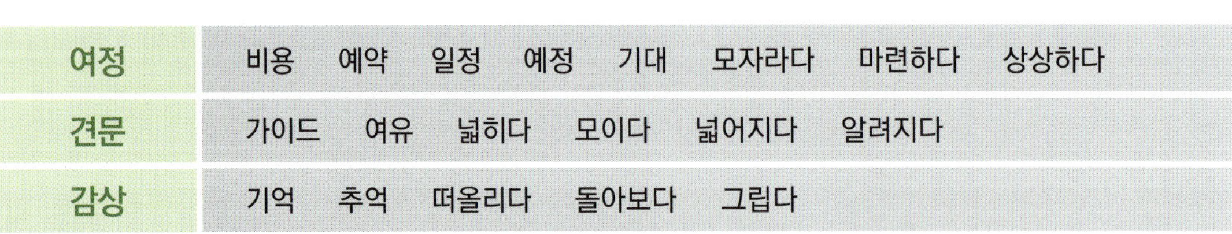

여정	비용	예약	일정	예정	기대	모자라다	마련하다	상상하다
견문	가이드	여유	넓히다	모이다	넓어지다	알려지다		
감상	기억	추억	떠올리다	돌아보다	그립다			

- 출발하기 전에 여권과 비행기 표를 잘 **챙겨라.**
- 내일 출발하는데 짐을 아직도 안 **쌌어요?**
- 저 짐을 이쪽으로 **옮겨주세요.**
- 서울은 한반도의 중앙에 **위치해** 있다.
- 여행지에 **이르니** 벌써 해가 지고 있었다.
- 서울에 여행을 갔을 때 롯데 호텔에서 **머물렀다.**
- 우리는 경주에 가서 한국의 유물들을 **구경했다.**
- 고향의 모습이 너무 많이 **변해서** 어색하다.
- 저 하늘을 **바라봐.** 얼마나 깨끗하고 아름다운지!

짐	챙기다　싸다　옮기다
장소	위치하다　이르다　머무르다
경치, 모습	구경하다　변하다　바라보다

- **단체여행**은 스무 명이 넘어야 합니다.
- 내가 가고 싶은 곳을 여행하려면 **자유여행**이 좋은 것 같아.
- 친구와 같이 방학동안 **배낭여행**을 떠나려고 한다.
- **신혼여행**은 유럽으로 가고 싶어요.
- 고등학교 때 경주로 **수학여행**을 갔었다.
- 대학을 졸업하기 전에 친구들과 **졸업여행**을 가기로 했다.
- 오늘 **여행사**에 전화해서 호텔을 예약했다.
- 졸업여행을 가려고 하는데 **여행지**는 어디가 좋을까요?
- 지금은 휴가철이라서 어디든지 **여행객**이 많을 거야.

여행	단체여행	자유여행	배낭여행	신혼여행	수학여행	졸업여행
	여행사	여행지	여행객			

1 다음 중 서로 관계있는 것끼리 이으십시오.

(1) 가이드 •	• 하다
	• 없다
(2) 비용 •	• 잡다
	• 있다
(3) 여유 •	• 바꾸다
	• 들다
(4) 예약 •	• 받다
	• 마련하다
(5) 일정 •	• 취소하다
	• 두다

2 다음 빈칸에 알맞은 단어를 찾아 쓰십시오.

> 꿈꾸다   넓어지다   마련하다   바라보다   떠오르다   챙기다

(1) 가: 드디어 내일 중국 여행을 가는구나. 잊어버린 것은 없는지 걱정이 돼.

　　나: 다른 것은 몰라도 여권과 비행기 표는 꼭 _________아/어.

(2) 가: 어제 영화를 봤는데, 세상이 내가 좋아하는 초콜릿으로 만들어져 있었어.

　　나: 영화는 우리들이 _________고 있는 세상을 보여주는 것 같아.

(3) 가: 어머!! 여기서 일해요?

　　나: 네, 다음 학기 학비를 _________기 위해서 아르바이트를 해요.

(4) 가: 여행을 많이 하면 어떤 점이 좋을까요?

　　나: 새로운 사람을 만날 수 있고, 경험이 _________아/어/여 져요.

1 다음 빈칸에 공통으로 들어갈 단어를 쓰십시오.

> 이르다　옮기다　앞서다　머물다

(1) 난 겨울 방학에 친구 집에서 __________기로 했어요.

　후세인은 한국말을 배우는 데 __________지 않고 가르치는 일에도 관심이 있어요.

(2) 네가 __________아/어서 가면 내가 따라서 갈게.

　한국은 브라질을 2:0으로 __________나갔다.

(3) 이삿짐을 __________(으)려고 하는데 도와주시겠습니까?

　민수 씨, 자리를 __________아/어서 이야기 합시다.

(4) 동생은 항상 내가 잘못한 일을 부모님께 __________(으)ㄴ다.

　2시간이나 남았는데 아직 출발하기에는 __________(으)ㄴ 시간이다.

2 다음 밑줄 친 단어와 바꾸어 쓸 수 있는 것을 찾아 쓰십시오.

> 바라다　묵다　뒤서다　뒤떨어지다　바꾸다　도착하다　말하다　빠르다

(1) 좋은 소식을 <u>기대했었는데</u> 안타까워요.　➡

(2) 서울에 여행을 갔을 때 서울 호텔에 <u>머물렀다</u>.　➡

(3) 길을 찾다가 어느 마을에 <u>이르렀어요</u>.　➡

(4) 민수는 수업시간에 떠든 아이를 선생님께 <u>일렀다</u>.　➡

(5) 아직 <u>이른</u> 시간이라 문을 연 식당이 없다.　➡

(6) 약속 시간을 내일로 <u>옮겨도</u> 될까요?　➡

가장 기억에 남는 여행

여행지		여행기간	
여행 동기			
여행 경험	본 것		
	한 것		
	들은 것		
	먹은 것		
여행의 좋은 점			
여행의 아쉬움			

내가 꿈꾸는 여행

가고 싶은 여행지	
이유	
여행 계획	언제	
	어떻게	
	누구와	
	무엇을 가지고	
여행을 가서 하고 싶은 것	
여행에 대한 기대감	

세 살 버릇 여든까지 간다

　내 아들이 5살이 되었을 때부터 인터넷과 친하게 지내기 시작했다. 나는 아이가 좋아하는 장난감과 게임 이야기를 주제로 만들어 개인 블로그를 만들어 주었다. 그래서 그런지 인터넷을 사용하는 시간이 점점 늘어갔다.

　TV를 보면서 재미있었던 만화를 인터넷으로 검색해서 계속 되풀이해 보기도 하고 만화 영화 중에서 멋진 장면은 블로그에 담아달라고 조르기도 했다. 인터넷에서 원하는 정보를 검색하는 실력도 초보 수준 이상이다. 자신이 원하는 동영상과 그림을 찾고 그 자료가 어디에 있는 지 모두 기억을 하고 있으니까 말이다.

　어느 날 저녁, 컴퓨터 앞에 앉아 검색창에 자신이 좋아하는 장난감 이름을 스-파-이-더-맨하고 치는 것을 보았다. 손가락 하나로 치는 그 모습이 너무 귀여워보였다. 손가락 하나로 치는 모습이 맘에 걸리긴 했지만 아직 어리니까 괜찮을 거라고 생각했다.

　그러나 5년이 지난 지금 5살 때 하던 손가락 하나로 키보드 자판을 치는 버릇을 고치지 못하고 여전히 사용하고 있다. 타자 연습을 하고 있지만 손가락 하나로 자판을 치는 것이 더 편하고 좋다며 키보드 사용법을 익히는 것을 어려워한다. 순간 세 살 버릇 여든까지 간다는 말이 떠올랐다. 5살이 어린 나이이긴 하지만 그때 키보드 사용 방법을 바르게 가르쳐 주었으면 좋았을 걸 하는 후회가 남는다.

6부

철학

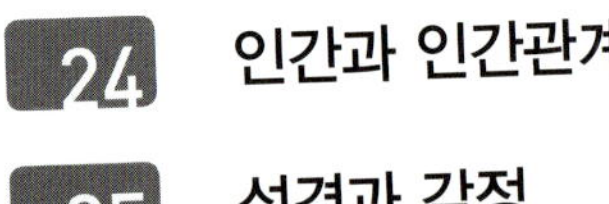

인간과 인간관계

· 관계를 맺고 유지하는 데 필요한 어휘와 표현을 안다.
· 대표적인 콤플렉스의 기원과 증상을 이해한다.

 **생각 꺼내기**

☺ 당신은 어떤 사람입니까? 장점과 단점을 말해봅시다.

☺ 좋아하는 사람이 있습니까? 그 이유는 무엇입니까?

- 사람을 처음 **만나면** 서로 명함을 주고 **악수**를 한다.
- 이 사람에게 **관심**있어요?
- 왕안은 중요한 일을 결정할 때 항상 부모님 **의견**에 따른다.
- 그 가수는 관객들의 **요청**으로 다시 무대로 나왔다.
- 후세인은 친구들에게 항상 **도움**을 주는 **친절**한 사람이다.
- 그 부부는 아주 심하게 **싸우고** 난 후 **이혼**을 했다.
- 민수는 **성격**이 좋아서 사람들에게 인기가 많다.
- 요즘 여자들은 **능력** 있는 남자를 좋아한다.
- 외국어를 잘 하는 것이 **성공**의 비결이다.
- 내가 **농담**으로 하는 말에 민수는 화가 났는지 **인상**을 썼다.

인간관계	만남	악수	관심	의견	요청	친절	싸움	이혼
개인 성향	성격	능력	성공	농담	인상			

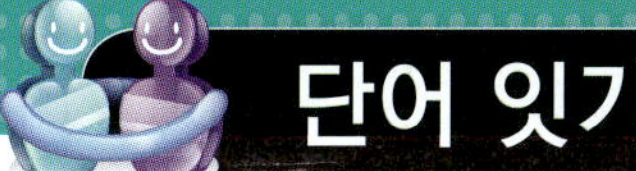

단어 잇기

- 사람을 처음 **만나면** 서로 **명함**을 주고 **악수**를 한다.
- 나오코는 친구들에게 항상 **도움**을 주는 **친절한** 사람이다.
- 큰 **희망**을 품고 이곳에 왔다.
- 교사와 학생은 서로 **믿음**이 있어야 한다.
- 요즘 아이들은 **버릇**이 없다.
- **욕심**이 많은 동생은 선물을 받지 못해 **불만**이 가득하다.
- 후세인은 자신의 얼굴에 **콤플렉스**를 갖고 있다.
- 혼자 생활하려면 문제해결**능력**이 필요하다.
- 나오코는 사람을 끄는 **매력**이 있다.
- 이 시험의 **목적**은 여러분의 실력 향상입니다.
- 한 달 전에 여자친구와 **헤어졌는데** 너무 보고 싶다.
- 이 분이 누구인지 **소개** 좀 해 주세요.
- 뚜언은 모든 사람들이 **칭찬하는** 착한 학생이다.

주다	명함	도움							
있다, 없다	희망	믿음	버릇	욕심	불만	콤플렉스	능력	매력	목적
사람	만나다	헤어지다	사귀다						
소개, 칭찬, 악수	하다								

- 새해에는 당신의 소망이 **이루어지기** 바랍니다.
- 눈 앞에 도저히 믿을 수 없는 장면이 **펼쳐졌다.**
- **헤어진** 여자 친구에게서 전화가 오기를 기다리고 있다.
- 왕안은 친한 친구 민수에게 불만이 **가득하다.**
- 선생님의 **간단한** 설명으로 쉽게 문제를 이해했다.
- 그는 누구에게나 친절하게 **대한다.**
- 시와 소설은 문학에 **속한다.**
- 한국어를 잘 못해서 말이 **통하지** 않을 때가 있다.
- 소문에 **의하면** 마크가 한국인과 결혼을 한대요.
- 이유 없이 남을 **의심하는** 것은 나쁘다.
- 요즘 짧은 치마가 **유행한다.**
- 요즘은 남녀평등을 **주장하는** 사람이 많다.
- 자신의 감정을 말로 **표현하는** 것은 어렵다.

-지다	이루어지다	펼쳐지다	헤어지다			
-하다	가득하다	간단하다	대하다	속하다	통하다	의하다
	의심하다	유행하다	주장하다	표현하다		

1 다음 단어를 읽고 아래와 같이 명사로 고치십시오.

> 사랑하다 ➡ 사랑   나누다 ➡ 나눔

(1) 만나다 ➡   (2) 믿다 ➡

(3) 의심하다 ➡   (4) 소개하다 ➡

(5) 돕다 ➡   (6) 간단하다 ➡

(7) 유행하다 ➡   (8) 싸우다 ➡

2 다음 빈칸에 공통으로 들어갈 단어를 찾아 쓰십시오.

> 소개　관심　성공　능력　매력　인상　버릇　습관

(1) 나는 틈만 나면 머리카락을 만지는 __________이/가 있다.

어른에게 반말을 하는 것은 __________없는 행동이다.

새해에는 나쁜 __________을/를 다 고쳐야겠다.

(2) 선생님은 __________이/가 참 좋다.

그렇게 __________쓰지 말고 이제 화를 푸세요.

우리 아버지는 한번 __________을/를 쓰면 너무 무섭다.

(3) 집을 떠나와서 혼자 유학 생활하는 것이 __________에 부친다.

저희 회사에서는 __________있는 신입사원을 모집합니다.

마이크는 사람을 상대하는 __________이/가 뛰어나다.

(4) 저는 한국 드라마와 영화에 __________이/가 있어요.

남자들은 여자의 성격보다 외모에 __________이/가 많다.

부모님은 제 문제에 __________을/를 좀 가져 주세요.

1 다음 글을 읽고 해당하는 콤플렉스를 찾아 쓰십시오.

오이디푸스 콤플렉스

오이디푸스는 테베의 왕 코린트의 아들로 태어났다. 어느 날 예언자가 코린트 왕에게 '오이디푸스가 아버지인 왕을 죽이고 왕비와 결혼하게 될 것이므로 죽여야 한다.'라고 예언을 한다. 이 말을 들은 왕은 차마 어린 아들을 죽이지 못하고 강물에 띄워 보낸다.

이 후, 건강한 청년이 된 오이디푸스는 길을 가다가 코린트 왕과 싸움을 하게 되고 아버지인 줄도 모르고 왕을 죽인다. 그리고 자신이 왕위에 올라 왕비와 부부가 된다. 결국 예언이 이루어졌다는 사실을 알게 되었고, 오이디푸스는 진실을 보지 못한 자신의 눈을 뽑아 버린다.

온달 콤플렉스

고구려 평원왕 때, 온달이라는 거지가 있었다. 그는 눈이 보이지 않는 어머니를 모시고 사는데 사람들은 못생기고 가난한 온달을 바보 온달이라고 불렀다. 평원왕에게는 울보 평강공주가 있었는데, 이 딸이 울 때마다 버릇처럼 바보 온달에게 시집보내야겠다고 말했다. 그래서 공주는 온달이 누구인지 모르지만 그 사람이 자신의 신랑감이라고 생각했다. 공주는 어른이 되자 집을 나가 온달과 결혼하였다. 온달은 공주의 도움으로 장군이 되었고, 전쟁에서 크게 이겨서 평원왕에게 사위로 인정을 받는다.

나르시스 콤플렉스

나르키소스는 외모가 아주 아름다워서 많은 처녀들이 그에게 관심을 보였지만, 그는 너무 콧대가 높았다. 그 사람에게 거절당한 여자 중 누군가가 나르키소스도 똑같은 사랑의 고통을 겪게 해 달라고 신에게 기도했다. 복수의 여신 네메시스가 이 기도를 듣고 나르키소스도 사랑에 빠지게 했다. 그는 숲속에서 목이 말라 물을 마시러 샘으로 갔다가 물에 비친 자신의 모습을 사랑하게 되었다. 그는 그 곳을 떠나지 못하고 결국 죽었다.

(1) 남자들이 사회적으로 성공하기 위하여 능력 있고 재산이 많은 여자와 결혼하고 싶어 하는
마음

(　　　　　　　　　　　　　　　)

(2) 아들이 어머니는 사랑하지만 아버지는 질투하는 마음. 그래서 사랑하는 어머니에게 칭찬
받기 위해 아버지를 닮아 간다.

(　　　　　　　　　　　　　　　)

(3) 자신이 스스로 예쁘고 잘생기고 멋있다고 생각한다. 자신을 너무 사랑하여 남을 생각할
줄 모른다.

(　　　　　　　　　　　　　　　)

- 다음 콤플렉스의 이야기를 찾아서 서로 이야기해 봅시다.

| 피터팬 콤플렉스 | 신데렐라 콤플렉스 |

- 여러분에게는 어떤 콤플렉스가 있습니까?

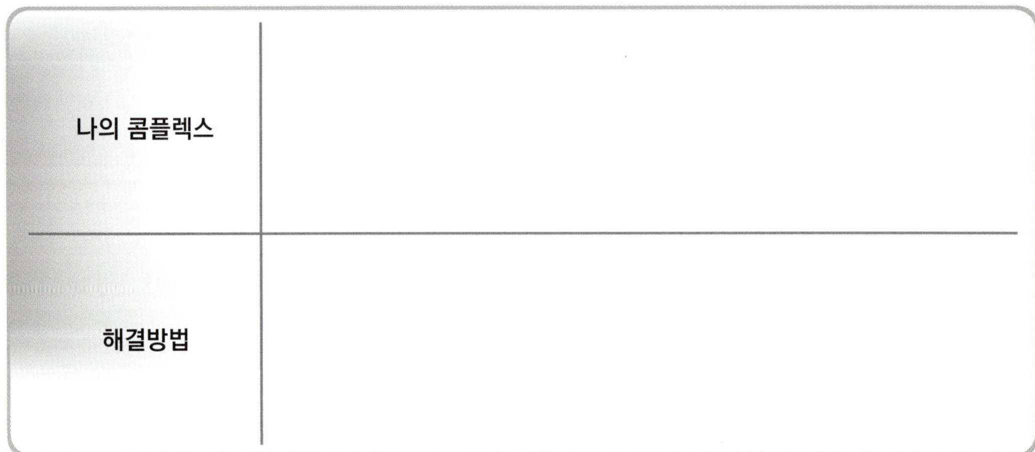

나의 콤플렉스	
해결방법	

성격과 감정

· 상황에 따른 감정을 표현하는 어휘를 안다.
· 자신의 성격과 현재의 기분을 표현할 수 있다.

🔍 생각 꺼내기

☺ 자신의 성격에 대해서 이야기 해봅시다.

☺ 부모님께 혼이 나거나 친구와 싸웠을 때 기분이 어떻습니까?

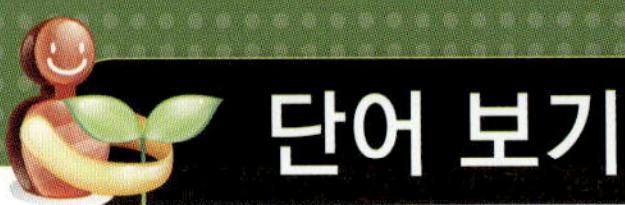

- 왕안은 지금까지 **바르게** 살아왔다.
- 후세인은 남자지만 매우 **부드러운** 성격이어서 누구든 그를 좋아한다.
- 민수는 나오코를 **순수한** 마음으로 도와주었다.
- 뚜언이라는 아이는 아주 **씩씩하다**.
- 형은 성격이 **활발하고** 운동도 잘한다.
- 나는 나오코의 **솔직한** 성격이 마음에 들었다.
- 마음이 급할수록 **침착해야** 한다.
- 사람은 성공할수록 **겸손해야** 한다.
- 시험 날짜가 다가오니까 너무 **불안하다**.
- 날씨가 너무 더워서 **짜증**이 난다.
- 새로 온 친구는 첫 인상이 **차가워** 보였다.
- 여러분이 **염려해** 주신 덕분에 잘 지냈어요.
- 어머니는 잔소리가 너무 **심하다**.
- 왜 이렇게 분위기가 **심각해요?**
- 후세인은 성격이 **꼼꼼해서** 실수를 하지 않는다.
- 한국말을 배운지 석 달 만에 한국 사람과 이야기를 하다니 **놀랍군요.**
- 한국에 처음 왔을 때 한국말을 전혀 못해서 항상 **긴장했었다.**
- 하루 종일 집에만 있으면 **심심할 거에요.**

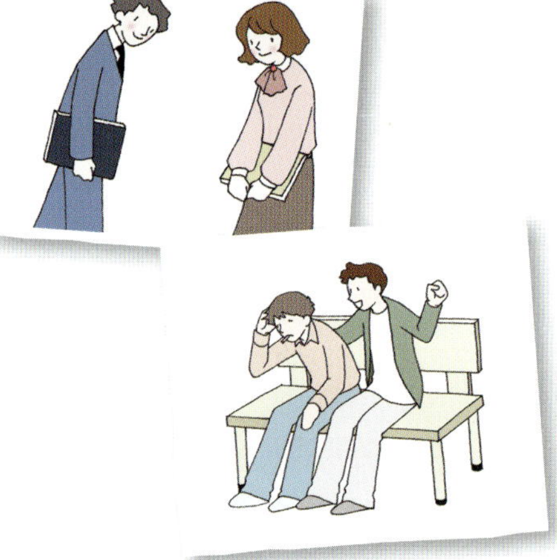

긍정적	바르다 부드럽다 순수하다 씩씩하다 활발하다 솔직하다
	침착하다 겸손하다
부정적	불안 짜증 차갑다 염려하다 심하다 심각하다
	꼼꼼하다 놀랍다 긴장하다 심심하다

- 기분이 **우울해서** 술을 한 잔 했어요.
- 김 선생님이 **화난** 표정으로 들어오셨다.
- 항상 내 의견에 반대하는 나오코가 너무 **밉다**.
- 밤에는 혼자 다니기가 **무섭다**.
- 성공한 사람을 **부러워만** 하지 말고 너도 열심히 해봐.
- 처음에는 **어색해서** 말도 못하고 있었는데 지금은 친해졌어요.
- 왕안은 형제가 없어서 **외롭게** 자랐다.
- 오늘 왠지 나쁜 일이 생길 것 같아서 **불안해요**.

기분	외롭다 우울하다 화나다		
사람, 태도	밉다 무섭다 부러워하다 어색하다		
마음	외롭다 불안하다		

단어 늘리기

- 왕안은 큰 병에 걸리신 아버지가 **걱정스러워** 잠을 잘 수 없었다.

- 할아버지께서 손자를 **사랑스럽게** 쳐다보았다.

- 아버지는 대학에 합격한 민수를 **자랑스럽게** 생각했다.

- 나오코 씨는 한국어 발음이 한국 사람처럼 **자연스러워요**.

- 어른이 계신 집에 놀러 가는 것은 **조심스러운** 일이다.

- 학생들은 **신나게** 노래를 불렀다.

−스럽다	걱정스럽다	사랑스럽다	자랑스럽다	자연스럽다	조심스럽다
−하다	우울하다	불안하다	부러워하다	어색하다	
나다	화나다	신나다			

1 다음 중 서로 관계있는 것끼리 이으십시오.

(1) 순수하다 •
(2) 씩씩하다 •
(3) 솔직하다 •
(4) 꼼꼼하다 •
(5) 침착하다 •

• 쉽게 흥분하지 않고 행동이 바르다.
• 말과 행동이 거짓 없이 바르다.
• 모든 일에 실수가 없고 빈틈이 없다.
• 욕심이나 못된 생각이 없다.
• 행동이 굳고 강하다.

2 다음 동사와 어울리는 단어를 쓰십시오.

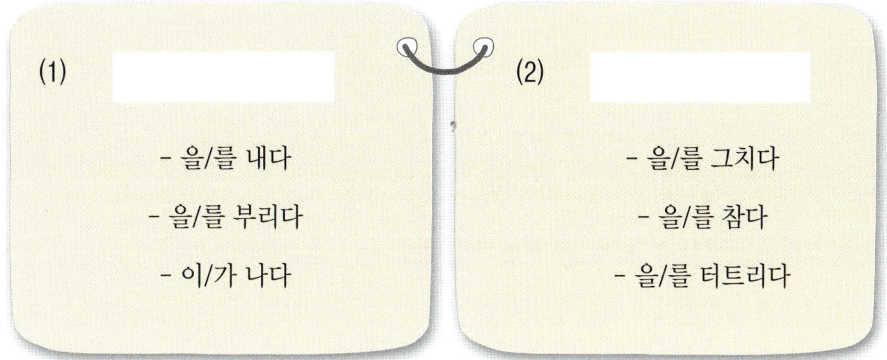

3 부정적인 감정과 긍정적인 감정을 나타내는 단어를 쓰십시오.

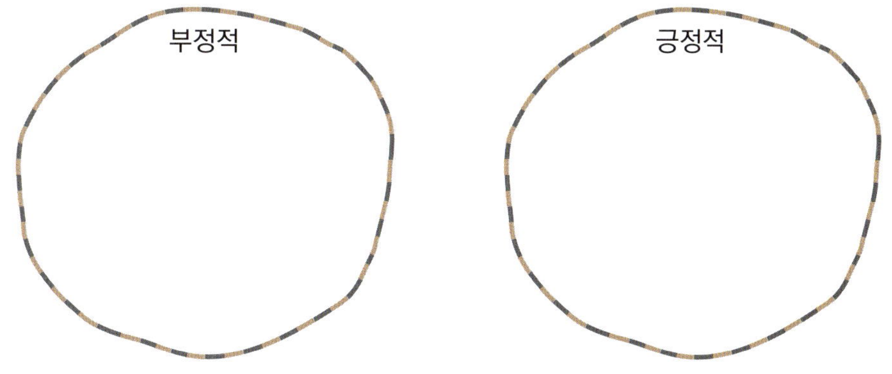

1   다음과 같은 경우에 여러분은 기분이 어떻습니까?

(1) 더운 여름에 버스에 사람이 아주 많을 때

(2) 1등을 해서 장학금을 받았을 때

(3) 하루일과가 지루하고 재미없을 때

(4) 어두운 밤에 누가 나를 따라올 때

(5) 길을 걸어가다가 잘생긴/ 예쁜 이성을 봤을 때

2   다음 문장을 읽고 밑줄 친 단어의 차이를 말해봅시다.

(1) 민수는 성격이 <u>활발하고</u> 친구들에게 인기가 많다.

　　한국은 중국과 일본과의 무역이 <u>활발하다</u>.

(2) 하루 종일 집에 있으면 <u>심심할 거예요.</u>

　　음식은 짜게 먹는 것보다 <u>심심하게</u> 먹는 것이 건강에 좋아요.

(3) 겨울에는 날씨가 건조하기 때문에 손에 크림을 <u>발라요.</u>

　　<u>바르게</u> 앉으면 허리가 아프지 않습니다.

　　나는 지금까지 <u>바르게</u> 살아왔습니다.

(4) 물이 너무 <u>차가워서</u> 수영을 할 수 없습니다.

　　남수는 나오코의 부탁을 <u>차갑게</u> 거절했습니다.

(5) 그곳은 사람의 발길이 거의 <u>미치지</u> 않는 곳입니다.

　　유학 간 유미가 보고 싶어서 <u>미칠 것</u> 같아.

소심한 성격을 고치기 위한 10가지 방법

1. 남이 나에게 관심을 가지길 기다리지 말고 관심을 먼저 준다.

2. 내 곁에 있는 사람을 먼저 알아주고 그 사람의 장점을 칭찬해 준다.

3. 작은 일로 그 사람의 좋고 싫고를 말하지 않는다.

4. 남이 나를 어떻게 생각할까를 너무 생각하지 않는다.

5. 나만 못난 게 아니고 모든 사람은 다 단점이 있다.

6. 내가 잘 하는 것, 나의 좋은 점만을 생각하고 찾아본다.

7. 과거는 지나갔다. 지금 나에게 허락된 오늘을 열심히 살아야 한다.

8. 남을 과장되게 판단하지 않는다. 겁먹지 말라. 남도 나와 똑같다.

9. 나에게 맞는 사람이나 일을 기다리지 말고 찾아 나서본다.

10. 밝고 적극적인 사람을 가까이 한다.

[1~4] 다음 (   ) 안에 공통으로 들어갈 단어를 고르십시오.

맞추다   돌아보다   주다   가리다

1
노래를 부를 때 박자를 (   )아/어 부르십시오.
시계가 느리니 시간을 (   )(으)세요.
오늘 결혼예복을 (   )(으)러 갑니다.
마이클이 내 손등에 입을 (   )았/었다.

(   )

2
양양은 내성적이라서 낯을 (   )(으)ㄴ 편이다.
투항은 음식을 (   )ㄴ/는 습관이 있어서 아무거나 안 먹는다.
사람들은 돈을 벌기 위해서 수단과 방법을 (   )지 않는다.

(   )

3
주위를 (   )(으)면 불쌍한 사람이 많다.
오늘은 한 해를 (   )(이)고 내년을 준비하기 위한 자리입니다.
성공을 위해 뒤를 (   )지 말고 앞만 보고 가세요.

(   )

4
이번 태풍은 우리에게 심한 피해를 (   )았/었다.
과제를 먼저 제출하는 사람에게 가산점을 (   )았/었다.
손에 힘을 (   )(으)면 떨어지지 않아요.

(   )

[5~7] 다음 (   )안에 알맞은 단어를 고르십시오.

5
시험이 끝나고 (   )ㄴ 마음으로 결과를 기다리고 있다.
약속시간이 지나도 친구가 오지 않아서 마음이 (   ).

① 불안하다   ② 짜증나다

6
매일 똑같은 생활을 반복하는 것이 너무 (   ).
입이 (   )(으)ㄴ데 뭐라도 먹을까?
우리 할머니는 (   )(으)면 옛날이야기를 꺼내신다.

① 심심하다   ② 지겹다

7
세면도구를 (   )아/어서 목욕탕에 가야한다.
아무리 바빠도 아침밥은 꼭 (   )아/어 먹으세요.
이번 일요일에 이삿짐을 (   )는 것을 도와주세요.
민수는 후배들을 잘 (   )ㄴ다.

① 챙기다   ② 싸다

[8~10] 다음 밑줄 친 단어의 반대되는 말을 쓰십시오.

8
그 사람은 <u>의심</u>이 많아서 친한 친구도 믿지 못한다.

(   )

9
그 환자는 피가 <u>모자라서</u> 수시로 수혈을 해야 한다.

(   )

10
내일 새벽에 일찍 공항으로 출발해야 하니까 오늘 밤에 짐을 <u>싸</u> 둡시다.

(   )

[11~12] 다음 밑줄 친 부분과 바꿔 쓸 수 있는 말을 고르십시오.

11 이번 월드컵 경기는 우리나라에서 하는데 꼭 <u>우승했으면</u> 좋겠다.

① 이기다   ② 비기다   ③ 지다   ④ 참가하다

12 솔직한 것이 때로는 장점이 되기도 하지만 때로는 <u>결점</u>이 되기도 한다.

① 결심   ② 결론   ③ 초점   ④ 단점

[13~14] 다음 (   ) 안에 들어갈 단어가 아닌 것을 고르십시오.

13 가 : 우리 배낭 여행 가기로 한 계획은 잘 되어가니?
나 : 아무래도 여행 경비가 부족할 것 같은데…….
가 : 왜? 무슨 일 있어?
나 : 비행기표 값이 두 배 이상 비싸더라구.
가 : 아마 지금이 (   )(이)라서 그런가 봐.

① 연휴   ② 휴가철   ③ 방학   ④ 장마철

14 총장님께서는 한국어 말하기 대회에 참가할 학생들에게 최선을 다하도록 (   ).

① 축하하였다   ② 격려하였다   ③ 기부하였다   ④ 칭찬하였다

[15~16] 다음 글을 읽고 글 속의 '나'의 알맞은 성격을 고르십시오.

활발하다　　침착하다　　겸손하다　　바르다　　꼼꼼하다

15 나는 책 읽기를 좋아한다. 아니 책을 좋아한다. 그래서 나의 서재에는 온통 책이다. 웬만한 작은 서점만큼 책이 많다. 이렇게 책이 많으니 어디에 무슨 책이 있는지 모를 것이라고 생각하는가? 아니다. 나는 주제, 제목, 지은이 등으로 책을 분류하고 모든 책에 번호를 붙여서 책꽂이에 정리해 두었다. 그렇기 때문에 제목만 떠올리면 어느 책꽂이 몇 번째 자리에 그 책이 있는지 다 알고 있다.

(　　　　　　　　　)

16 내가 처음 한국에 왔을 때는 친구가 하나도 없었다. 점심시간에는 혼자 식당에서 밥을 먹고 수업시간에 모르는 것이 있어도 아무에게도 물어볼 수가 없었다. 그러나 나는 카라를 만나면서 변하기 시작했다. 카라는 나의 이야기를 잘 들어주고 항상 나의 장점을 찾아서 칭찬해 주었다. 내 주위에 친구들이 점점 모여들었다. 수업시간이나 쉬는 시간에, 나는 말이 많아졌고, 친구들은 내 이야기를 재미있게 들었다. 저녁에는 친구들과 축구를 하면서 재미있게 놀다 보면 시간이 어떻게 가는지 모르게 하루가 간다.

(　　　　　　　　　)

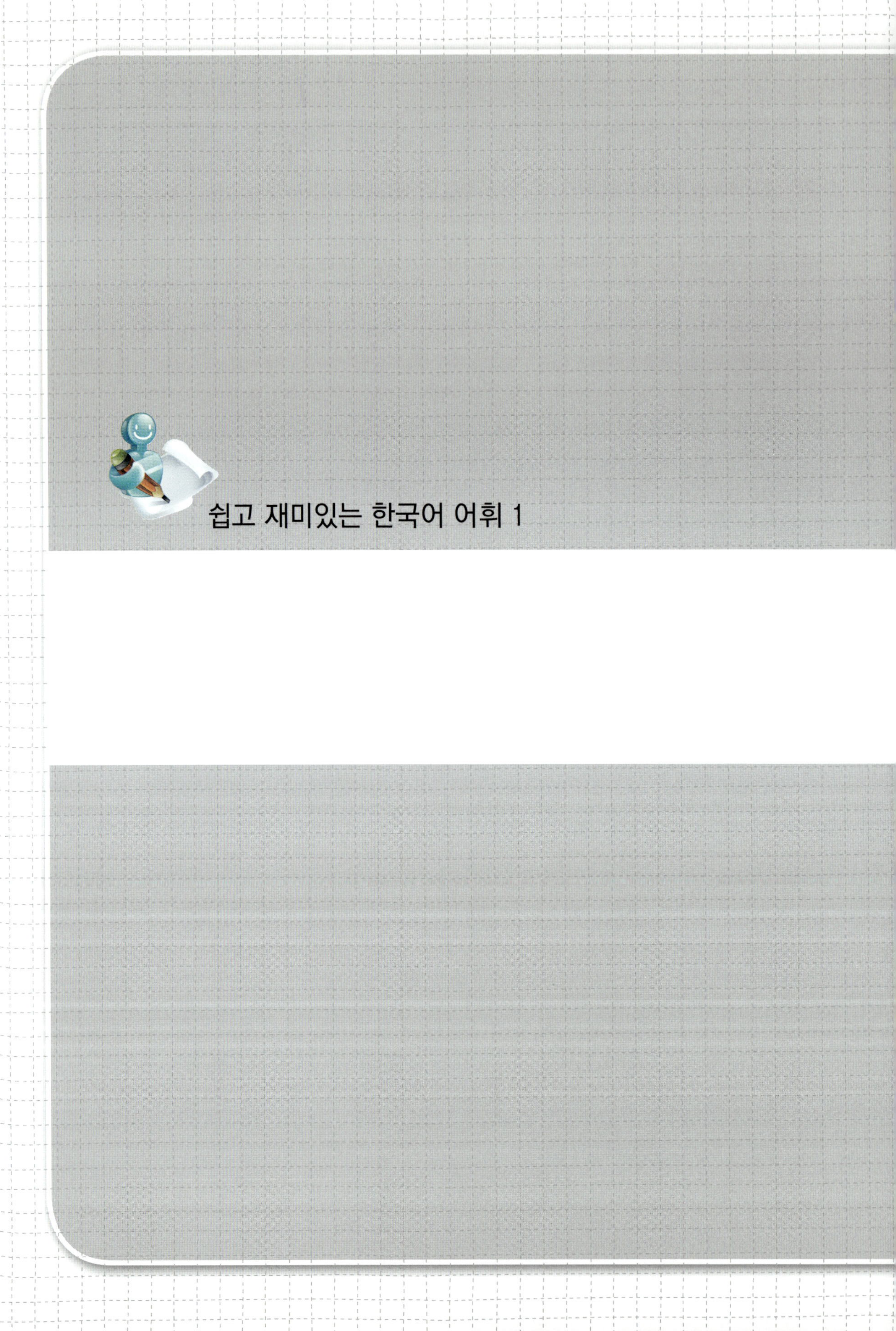

쉽고 재미있는 한국어 어휘 1

모범답안

01 한국어 단어 소개

◦ 연습하기 ❶

1. ② 2. ① 3. ② 4. (1) 후세인, -이, 학교, -에, 가-, -ㄴ다 (2) 후세인, 이, 학교, 에, 간다 (3) 후세인이 V 학교에 V 간다

◦ 연습하기 ❷

1. (1) 얼음물, 볶음밥, 봄바람

　　(2) 맨몸, 헛고생, 부모님

2. 사랑 / 풋사랑 / 사랑싸움

　　우유 / 우유병 / 생우유

◦ 연습하기 ❸

1. -가, -에서, -를

2. (1) 부사 (2) 동사 (3)명사 (4) 형용사

3. 나오코는 민수를 좋아한다.

　　(명사/조사) + (명사/조사) + (동사)

　　왕안은 (명사/조사)

02 파생어

◦ 연습하기 ❶

1. (1) 맨- : 아무것도 지니지 않은

　　(2) 한- : 한창인, 정확한

　　(3) 헛- : 이유 없는, 보람 없는

2. (1) 헛 (2) 맨 (3) 한 (4) 헛 (5) 한

　　(6) 맨

3. (1) 한겨울 (2) 맨손 (3) 한여름

　　(4) 한가운데 (5) 헛고생

◦ 연습하기 ❷

1. (1) -님 : 높임

　　(2) -이 : 사람, 사물, 일

　　(3) -개 : 사람이나 도구

2. (1) -님 (2) -이 (3) -개 (4) -이 (5) -님

　　(6) -이

3. (1) 부모님 (2) 지우개 (3) 높이 (4) 날개

　　(5) 손님 (6) 길이

03 합성어

◦ 연습하기 ❶

1. (1) 물 (2) 밥 (3) 바닥

2. (1) 발바닥 (2) 재미없다 (3) 맛없다

　　(4) 가져가다 (5) 들어가다 (6) 내려오다

3. (1) 맛있다 (2) 재미있다 (3) 내려가다

　　(4) 가져오다 (5) 멋있다 (6) 나가다

　　(7) 가져가다 (8) 얼음물 (9)국물

　　(10) 발바닥

04 몸과 움직임

◦ 연습하기 ❶

2. (1) 눈- 감다 (2) 손- 잡다

　　(3) 머리- 숙이다 (4) 눈물- 흘리다

　　(5) 발 밟다

3. (1) 들다 (2) 흔들다 (3) 흐르다

4. (1) 눈 (2) 바닥 (3) 목 (4) 왼 (5) 손

　　(6) 발

◦ 연습하기 ❷

1. (1) 고개 (2) 눈물 (3) 땀 (4) 손목

2. (1) ① 몸의 부분 ② 머리카락 ③ 두뇌

　　(2) ① 몸의 부분 ② 사람의 힘, 노력

　　　　③ 항복하다

(3) ① 몸의 부분 ② 시력

　　③ 집중이 되지 않는다.

(4) ① 몸의 부분 ② 한 번에 ③ 뽀뽀하다

3. (1) 감다 (2) 눈 (3) 다리 (4) 배

05 날씨와 계절

○ 연습하기 ❶

1. (1) 바람- 불다 (2) 하늘- 맑다

　　(3) 해- 뜨다 (4) 구름- 끼다

　　(5) 눈- 내리다

2. (1) 그늘 (2) 넘치다 (3) 얼굴 (4) 운동

3. (1) 영상 - 영하 (2) 뜨다-지다

　　(3) 덥다-춥다 (4) 따뜻하다-시원하다

○ 연습하기 ❷

1. (1) 끼다 (2) 영하 (3) 지구, 덥다

　　(4) 지다

2. 하늘이 맑아요.　　해가 떴어요.

　　계절이 변해요.　　해가 졌어요.

　　비가 내려요.

06 시간과 공간

○ 연습하기 ❶

1. (1) 평소 (2) 연휴 (3) 아까 (4) 평생

　　(5) 동시

2. (1) 날 (2) 해 (3) 속 (4) 이 (5) 길

3. (1) 평생 (2) 사이 (3) 동시 (4) 개월

○ 연습하기 ❷

1. (1) ① 건너다 ② 넘다

　　(2) ① 곁 ② 근처 ③ 주변

(3) ① 중간 ② 중심

(4) ① 길거리 ② 길가

(5) ① 즉시 ② 동시

(6) ① 좌석 ② 자리 ③ 주변

07 방향과 순서

○ 연습하기 ❶

1. (1) 가다/오다 (2) 보다 (3) 놓다 (4) 보다

2. (1) 올라가다 - 내려가다

　　(2) 내려다보다 - 올려다보다

　　(3) 올려놓다 - 내려놓다

　　(4) 앞쪽 - 뒤쪽

　　(5) 위쪽 - 아래쪽

3. (1) 향하다 (2) 건너다 (3) 나오다

　　(4) 얹다

○ 연습하기 ❷

1. (1) ① 올라간다 ② 올라오신다

　　(2) ① 건너가다 ② 넘어가다

　　(3) ① 바라보다 ② 둘러보다

　　(4) ① 내려놓다 ② 올려놓다

　　(5) ① 흘러가다 ② 흘러나오다

08 동물과 식물

○ 연습하기 ❶

1. 동물 : 송아지, 말, 코끼리, 토끼, 개구리,
　　　　나비, 마리, 날개

　　식물 : 낙엽, 장미, 나뭇잎, 꽃, 뿌리,
　　　　그루, 송이

2. (1) 강아지- 태어나다

　　(2) 장미- 피다

(3) 사과 – 열리다

(4) 나뭇잎- 나다

○ 연습하기 ❷

1. (1) 열리다 (2) 따다 (3) 뻗다

2. (1) 장님 코끼리 만지는 듯하다.

   (2) 바늘구멍에 황소바람 들어온다.

   (3) 원숭이도 나무에서 떨어진다.

   (4) 콩 심은데 콩 나고 팥 심은데 팥 난다.

09 빛과 색

○ 연습하기 ❶

1. 까맣다 : 머리카락, 밤, 마음 등

   노랗다 : 개나리, 병아리, 봄 등

   붉다 : 가을 하늘, 노을, 단풍 등

   파랗다 : 하늘, 바다, 푸르다, 시원하다 등

2. (1) 햇볕 (2) 햇빛 (3) 짙다

3. (1) 빨간색-빨강-붉다

   (2) 하얀색-하양-희다

   (3) 검정색(까만색)-검정-검다

   (4) 파란색-파랑

   (5) 노란색-노랑

○ 연습하기 ❷

1. (1) 까맣다 (2) 파랗다 (3)하얗다

   (4) 푸르다

2. 오륜기의 색은 세계 여러 나라의 국기의
   색을 담아 세계의 결속을 의미한다.
   파란색: 유럽, 노란색: 아시아, 검정색:
   아프리카, 초록색: 오스트레일리아, 빨간
   색: 미국 5개의 대륙을 의미한다.

10 수와 양

○ 연습하기

1. (1) 37 (〈) 47 (2) 18 (〈) 51

   (3) 59 (〈) 69 (4) 34 (〉) 22

   (5) 81 (〉) 76

2.

더하다
가늘다 얇다
넓다 전체 두껍다
짧다 나누다
최대한

빼다
굵다 깊다
좁다 부분 얇다
길다 곱하다
최소한

3. (1) 한두 (2) 열 (3) 대부분 (4) 사오 만

   (5) 서너

4. (1) 십오에 이십칠을 더하면 사십이입니다.

   (2) 이십에 칠십을 곱하면 천 사백입니다.

   (3) 오십육에 삼십육을 빼면 이십입니다.

   (4) 백에 이십오를 나누면 사입니다.

2부 종합문제

1. ① 2. ① 3. ② 4. ③ 5. ③ 6. ④

7. ② 8. ① 9. ③ 10. ① 11. ④ 12. ①

13. ② 14. ② 15. ② 16. ②

17. (1) 눈이 오다 / 내리다

   (2) 바람이 불다 (3) 날씨가 흐리다

   (4) 비가 오다 / 내리다

18. 믿었던 사람에게서 배신을 당하는 경우에
   하는 속담   19. ②

20. 봄 : 날씨가 따뜻해서 꽃구경을 간다.

   여름 : 날씨가 더워서 산과 바다로 휴가를
         가고 비가 많이 오는 장마철이 있다.

   가을 : 날씨가 시원하고 단풍을 구경할 수
         있다.

겨울 : 날씨가 춥고 눈이 내린다.

⑪ 학교생활

○ 연습하기 ❶

1. (1) 그만두다 – 관두다
   (2) 반복하다 – 되풀이하다
   (3) 선택하다 – 고르다
   (4) 신입생 – 새내기

2. (1) 담임 (2) 여대생 (3) 동창 (4) 총장
   (5) 복습 (6) 보고서 (7) 국립 (8) 전공

○ 연습하기 ❷

1. (1) 받다 / 하다
   (2) 주다 / 하다
   (3) 따다 / 매기다 / 주다
   (4) 제출하다 / 내다/ 쓰다
   (5) 타다 / 받다 / 주다

2. (1) 나에게는 모자가 잘 어울린다.
   (2) 민수는 시골에 계시는 친척을 찾아보
      고 왔습니다.
   (3) 후세인은 올해 문학박사가 되었습니다.

⑫ 금융기관과 우편물

○ 연습하기 ❶

2. 몸: 피곤하다, 힘들다, 고생하다, 쉬다,
      지치다
   마음: 부럽다, 급하다, 괴롭다, 불안하다,
      편안하다
   일: 근무하다, 정리하다, 판매하다, 익숙
      하다

○ 연습하기 ❷

1. (1) 계산하다 (2) 돈을 찾다
   (3) 돈을 맡기다 (4) 세금을 내다
   (5) 월급을 받다

2. (1) 부치다 (2) 바꾸다 (3) 편안하다
   (4) 낯설다 (5) 피곤하다 (6) 익숙하다

3. (1) 업무 (2) 월급 (3) 보내다 (4) 구하다
   (5) 근무

⑬ 물건사기

○ 연습하기 ❶

1. (1) 소비자 – 생산자
   (2) 수입하다 – 수출하다
   (3) 판매하다 – 구입하다
   (4) 수입 – 지출
   (5) 가짜 – 진짜

2. (1) 깎다 (2) 내리다 (3) 놓치다

○ 연습하기 ❷

1. (1) 교환 (2) 반품 (3) 환불

2. (1) ① 값 ② 가격 ③ 가격
   (2) ① 고객 ② 소비자
   (3) ① 깎다 ② 내리다

3부 종합문제

1. ③ 2. ③ 3. ① 4. ② 5. ④ 6. ③
7. ② 8. 찾아보다 9. 풀다

14 가족

○ 연습하기 ❶

1. (1) 고모 -고모부 (2) 이모 – 이모부
   (3) 신부 – 신랑 (4) 딸 – 아들
   (5) 손녀 – 손자 (6) 며느리 – 사위

2. (1) 신혼 (2) 외 (3) 부 (4) 시

3. (1) 사촌 (2) 외삼촌 (3) 장남 (4) 사위
   (5) 시부모님

○ 연습하기 ❷

1. (1) 돌보다 (2) 이루다 (3) 닮다
   (4) 늘리다

2.
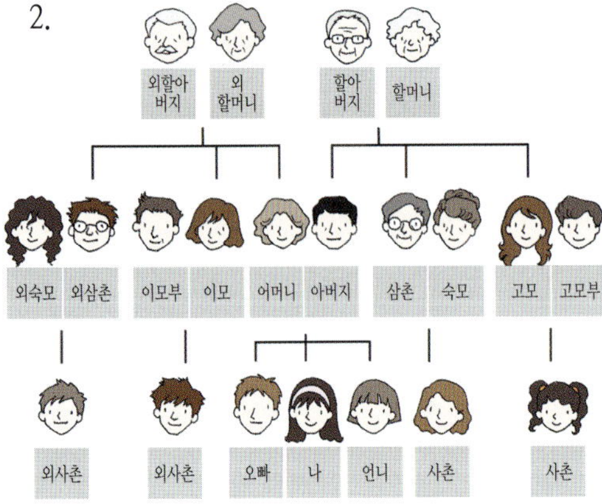

15 요리

○ 연습하기 ❶

1. 된장찌개 : 된장, 양파, 두부, 고추, 조개,
   버섯 등
   볶음밥 : 밥, 양파, 당근, 햄, 감자 등

2. (1) 고구마 – 삶다 (2) 라면 – 끓이다
   (3) 생선 – 굽다 (4) 채소 – 볶다

3. (1) 고춧가루 – 뿌리다 (2) 소스 – 뿌리다
   (3) 식초 – 붓다 (4) 간장 – 붓다

   (5) 식용유 – 붓다 (6) 후춧가루 – 뿌리다
   (7) 참기름 – 붓다

○ 연습하기 ❷

1. (1) 썰다 (2) 볶다 (3) 삶다 (4) 굽다
   (5) 끓이다 (6) 깎다

2. (1) 냄비, 끓이다 (2) 뚜껑
   (3) 끓이다, 젓다 (4) 담다, 뿌리다

16 옷과 차림새

○ 연습하기 ❶

1. (1) 꺼내다 – 넣다 (2) 늘이다 – 줄이다
   (3) 빼다 – 끼다 (4) 풀다 – 묶다

2. 입다 : 카디건, 폴라티, 민소매, 후드점퍼,
         청바지, 면바지
   신다 : 부츠, 샌들, 슬리퍼, 스타킹
   하다 : 스카프, 허리띠, 목도리
   끼다 : 팔찌, 선글라스, 벙어리장갑, 안경
   메다 : 가방, 배낭
   매다 : 넥타이
   차다 : 시계
   쓰다 : 모자, 안경
   달다 : 브로치

○ 연습하기 ❷

1. 그는 가게를 세 곳으로 늘렸습니다.

2. (1) 줄이다 (2) 헐렁하다 (3) 양복, 넥타이
   (4) 목도리 (5) 갈아입다

3. (1) 달다 (2) 떼다 (3) 맞추다
   (4) 튼튼하다 (5) 풀다

집안일

○ **연습하기 ❶**

1. (1) 바닥 - 쓸다　(2) 유리창 - 닦다
　(3) 서랍 - 정리하다　(4) 청소기 - 돌리다
　(5) 빨래 - 빨다

2. (1) 설거지를 한다.　(2) 상자에 넣는다.
　(3) 온도를 맞춘다.　(4) 밥을 한다.
　(5) 세제를 넣는다.

3. (1) 돌리다　(2) 쌓다　(3) 닦다　(4) 세제
　(5) 치우다

18 병과 치료

○ **연습하기 ❶**

1. (1) 기침 : 나다, 하다, 멈추다
　(2) 열 : 나다, 내리다, 오르다
　(3) 코피 : 나다, 흘리다, 멈추다
　(4) 하품 : 나다, 하다, 멈추다
　(5) 수술 : 하다, 받다
　(6) 주사 : 맞다, 놓다

2. (1) 나다　(2) 들다　(3) 바르다

○ **연습하기 ❷**

1. 주변 환경의 영향, 게으른 생활 태도,
　유전적인 요인, 패스트푸드

19 정보와 통신

○ **연습하기**

1. (1) 찾다　(2) 메일　(3) 다운로드
　(4) 홈페이지　(5) 인터넷

2. (1) 검색하다　(2) 우수하다　(3) 빌딜하다
　(4) 편리하다　(5) 연결하다　(6) 발전하다
　(7) 기록하다

20 도로와 교통

○ **연습하기 ❶**

1.

2. (1) 신호등　(2) 공사　(3) 초보, 당황하다
　(4) 사고, 졸다

3. (1) 부딪치다　(2) 다치다　(3) 신호
　(4) 도망가다　(5) 운전하다　(6) 당황하다

21 도덕과 규칙

○ **연습하기 ❶**

1. (1) 시민: 시에 살고 있는 사람
　(2) 공공: 모든 사람에게 이익이 되는 일
　(3) 신용: 약속을 지킬 수 있다고 믿는 것
　(4) 모범: 다른 사람에게 배울 만한 행동
　(5) 불법: 법에 맞지 않는 행동

2. 시민의식: 사회에 살고 있는 사람들의 생
　　　　　활 태도, 마음 자세
　공공기관: 나라에서 관리하는 기관
　공공시설: 국민의 편리를 위해서 만든 시
　　　　　설. 공립학교, 공립병원, 도서
　　　　　관, 시민회관 등

모범택시: 일반 택시보다 시설이 좋고 질
높은 서비스를 제공하는 택시
산불예방: 산에 불이 나는 것을 미리 예
방하기 위해 하는 일
예방주사: 감기에 걸리지 않기 위해 미리
주사를 맞는 것

○ 연습하기 ❷

1. (1) 제거하다 (2) 막다 (3) 실행하다
   (4) 관련

2. (1) 할아버지 댁은 기차로 세 시간이나 걸
      렸다.
   (2) 지하철은 빠르고 좋은데 반해 사람이
      많은 편이에요.
   (3) 우리는 술과 안주를 시켰다.

4부 종합문제

1. 가위질 2. 다림질 3. 칼질 4. 걸레질
5. 손가락질 6. ② 7. ① 8. ③ 9. ③
10. ①
11. (1) 나다 (2) 나오다 (3) 나오다 (4) 나다
    (5) 나다 (6) 나다
12. (1) 까다 (2) 깎는다 (3) 까다 (4) 깎다
    (5) 벗기다 (6) 벗기다
13. (1) 감상하다 (2) 감상하다 (3) 관람하다
14. (1) 켜다 (2) 흐르다 (3) 풀다 (4) 지키다
    (5) 죽이다
15. (1) ② (2) ② (3) ② (4) ①
16. ④ 17. ③ 18. ③ 19. ④ 20. ②

22 여가활동

○ 연습하기

2. (1) 월드컵 - 열리다
   (2) 입장권 - 예매하다
   (3) 공연 - 감상하다
   (4) 경기 - 이기다
   (5) 체중 - 늘다

3. (1) 낚시터 (2) 축구경기장 (3) 노래방
   (4) 골프장 (5) 공연장

4. (1) 공연 (2) 노랫소리 (3) 감상

23 여행

○ 연습하기 ❶

1. (1) 가이드 - 있다, 없다, 바꾸다
   (2) 비용 - 들다, 마련하다
   (3) 여유 - 없다, 있다, 두다
   (4) 예약 - 하다, 받다
   (5) 일정 - 잡다, 바꾸다, 취소하다

2. (1) 챙기다 (2) 꿈꾸다 (3) 마련하다
   (4) 넓어지다

○ 연습하기 ❷

1. (1) 머물다 (2) 앞서다 (3) 옮기다
   (4) 이르다

2. (1) 바라다 (2) 묵다 (3) 도착하다
   (4) 말하다 (5) 빠르다 (6) 바꾸다

24 인간과 인간관계

○ 연습하기 ❶

1. (1) 만남 (2) 믿음 (3) 의심 (4) 소개

(5) 도움 (6) 간단 (7) 유행 (8) 싸움

2. (1) 버릇 (2) 인상 (3) 능력 (4) 관심

○ 연습하기 ❷

1. (1) 온달 콤플렉스

(2) 오이디푸스 콤플렉스

(3) 나르시스 콤플렉스

25 성격과 감정

○ 연습하기 ❶

1. (1) 순수하다 : 욕심이나 못된 생각이 없다.

(2) 씩씩하다 : 행동이 굳고 강하다.

(3) 솔직하다 : 말과 행동이 거짓 없이 바르다.

(4) 꼼꼼하다 : 모든 일에 실수가 없고 빈틈이 없다.

(5) 침착하다 : 쉽게 흥분하지 않고 행동이 바르다.

2. (1) 짜증 (2) 울음

3. 부정적 : 우울하다, 불안하다, 외롭다, 화나다, 짜증나다 등

긍정적 : 순수하다, 씩씩하다, 활발하다, 침착하다, 겸손하다, 사랑스럽다, 자연스럽다 등

○ 연습하기 ❷

1. (1) 짜증이 나요.

(2) 놀라고 기뻐요.

(3) 심심하고 우울해요.

(4) 불안하고 걱정스러워요.

(5) 긴장돼요.

2. (1) 활발하다

① 성격이 명랑하고 씩씩하다.

② 널리 많이 이루어지다.

(2) 심심하다

① 지루하고 따분하다.

② 맛이 조금 싱겁다.

(3) 바르다

① 칠하다.

② 모양이 삐뚤어지지 않다.

③ 마음과 행동이 건전하다.

(4) 차갑다

① 느껴지는 물의 온도

② 상대방을 대하는 태도

(5) 미치다

① 사람들이 거의 가지 않는 곳

② 말과 행동이 정상이 아니다.

5·6부 종합문제

1. 맞추다 2. 가리다 3. 돌아보다 4. 주다

5. ① 6. ① 7. ① 8. 믿음 9. 충분하다

10. 풀다 11. ① 12. ④ 13. ④ 14. ②

15. 꼼꼼하다 16. 활발하다

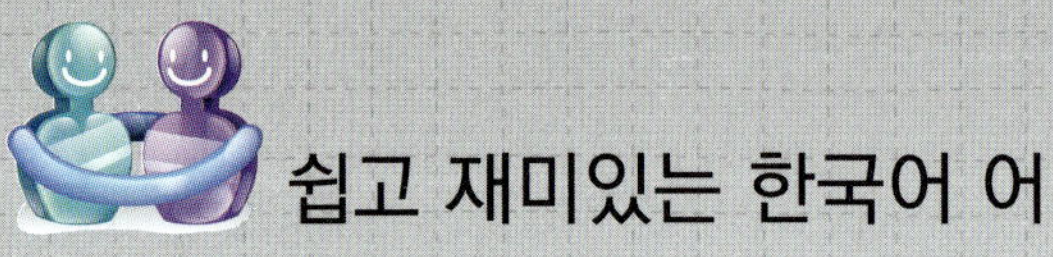 쉽고 재미있는 한국어 어휘 1

어휘색인

◆ 저자소개

배도용
현재 부산외국어대학교 한국어문화교육원 교수

권혜경
현재 부산외국어대학교 한국어문화교육원 교사

박인애
현재 부산외국어대학교 한국어문화교육원 교사

쉬고 재미있는
한국어 어휘1

초판발행	2010년 1월 20일
초판 3쇄	2020년 3월 31일

저자	배도용, 권혜경, 박인애
책임편집	권이준, 양승주
펴낸이	엄태상
콘텐츠 제작	김선웅, 전진우
마케팅	이승욱, 전한나, 왕성석, 노원준
온라인 마케팅	김마선, 김제이, 조인선
경영기획	마정인, 조성근, 최성훈, 정다운, 김다미, 전태준, 오희연
물류	유종선, 정종진, 윤덕현, 양희은, 신승진

펴낸곳	한글파크
주소	서울시 종로구 자하문로 300 시사빌딩
주문 및 교재 문의	1588-1582
팩스	(02)3671-0500
홈페이지	www.sisabooks.com
이메일	book_korean@sisadream.com
등록일자	2000년 8월 17일
등록번호	1-2718호

ISBN 978-89-5518-818-9 14710
　　　978-89-5518-817-2 (set)

이 교재는 외국인 유학생 유치 촉진을 위해
교육과학기술부와 부산외국어대학교의 예산으로 개발되었음.